EL CÓDIGO DE LA SOLEDAD

Deja de Rogarle al Mundo que Te Complete: El Camino Práctico hacia la Paz Interior a Través de la Soledad Decidida

Harvey McGarry

Publicado por Authors Crib

www.AuthorsCrib.com

ÍNDICE

PREFACIO

Has recogido este libro por una razón.

Quizás aún no conoces esa razón.

Quizás sientes una inquietud silenciosa.

Tal vez sientes que el tiempo se escapa.

Ciertamente no estás solo en este sentimiento.

Todos vivimos dentro de expectativas.

Seguimos ciertos caminos porque debemos.

A menudo olvidamos quiénes queríamos ser.

Esta es una verdad universal de la adultez.

La vida a veces se vuelve ruidosa y confusa.

Este libro trata sobre la claridad.

Se trata de dar un paso atrás del ruido.

Es una guía sencilla para un descubrimiento lento.

No estamos persiguiendo un cambio radical aquí.

Estamos buscando momentos pequeños y silenciosos.

Estamos buscando autenticidad.

Escribí esto para ti.

Lo escribí para la persona que se siente distante.

Lo escribí para quien desea más alegría.

No es material académico denso.

Es más como un mapa amigable.

Es un viaje compartido de recuerdo.

Hablaremos sobre encontrar tu verdadero norte nuevamente.

Comenzaremos con pasos muy pequeños.

Nos moveremos a tu propio ritmo elegido.

No hay prisa hacia la línea de meta aquí.

El objetivo es el proceso mismo.

El objetivo es simplemente hacerse presente.

Gracias por confiarme tu tiempo.

Creo en el poder de la vida tranquila.

Creo en la importancia de tu historia.

Veamos qué podemos descubrir juntos.

Listo.

INTRODUCCIÓN

EL IMPACTANTE DETOX DE SOLEDAD DE 7 DÍAS QUE MATA INSTANTÁNEAMENTE TU NECESIDAD

Te sientes cansado.

Estás constantemente agotado.

Temes al silencio.

¿Por qué es eso?

Nos hemos entrenado para temer lo silencioso.

Hemos llenado cada momento con ruido.

Desplazamos redes sociales en el baño.

Escuchamos pódcast en la ducha.

Vemos televisión mientras cenamos.

Exigimos estimulación constante solo para sentirnos vivos.

Creemos que esta entrada constante es conexión.

No lo es.

Es una distracción.

Esta adicción al ruido crea un déficit profundo y crónico.

Te hace profundamente necesitado.

Persigues constantemente validación.

Rogamos por atención, a menudo sin darnos cuenta de la profundidad de nuestra desesperación.

Necesitas que tu pareja te tranquilice de que eres amado.

Necesitas que tu jefe afirme tu valor.

Necesitas que extraños en línea te den su aprobación.

Estás buscando frenéticamente a alguien o algo externo que te complete.

Esa búsqueda garantiza que siempre te sientas vacío.

Este libro es el final de esa súplica.

Este libro es un acto radical de auto-reclamación.

Es un tratamiento de choque para tu alma.

Vamos a realizar un Detox de Soledad de 7 Días.

No se trata de aislamiento forzado.

Se trata de volverse fundamentalmente, inquebrantablemente entero.

Se trata de reclamar tu fuente de poder.

Llamamos a este enfoque Soledad con Propósito.

No es un castigo.

Es una tecnología espiritual que se te ha negado.

Vamos a despojarnos del ruido.

Vamos a volvernos hacia adentro.

Cuando el ruido se detiene, comienza la verdad.

En los próximos capítulos, presentaremos El Método Silencioso.

Es un sistema simple de tres fases para dominar tu vida interior.

Aprenderás a construir una pared inquebrantable de grado financiero contra las demandas externas.

Aprenderás a escuchar la voz más clara y aguda que posees.

Finalmente procesarás el dolor que has estado evitando durante años.

No solo estamos despejando tu horario.

Estamos despejando tu alma.

El objetivo es simple.

Queremos eliminar la necesidad.

Queremos que logres un estado donde el éxito externo es un bono, no un requisito para tu felicidad.

Queremos que sepas, profunda y seguramente, que eres suficiente.

En este momento.

Exactamente como eres.

¿Estás listo para dejar de buscar la realización?

¿Estás listo para dejar de necesitar el permiso de los demás para existir?

¿Estás listo para sentarte, solo, y darte cuenta de que la búsqueda ha terminado finalmente?

Bien.

Apaga tu teléfono.

Comencemos la desintoxicación.

CHAPTER ONE

★★★

LA VERDADERA RAZÓN POR LA QUE NO PUEDES QUEDARTE QUIETO (Y EL COSTO OCULTO DEL RUIDO CONSTANTE)

No puedes quedarte quieto.

Sabes que esto es verdad.

Agarras tu teléfono diez veces en una hora sin pensar.

Desplazas las publicaciones sin interés alguno.

Enciendes ruido de fondo incluso cuando estás solo.

El silencio se siente como un vacío.

Se siente como una amenaza.

Hemos sido condicionados a creer que la quietud es igual a la falta de productividad.

Estamos aterrados de perder algo.

Estamos profundamente adictos a las entradas de información.

Nuestro mundo moderno asegura que las entradas son interminables.

El ruido no es solo auditivo.

Es digital, emocional y social.

Es la presión de la notificación.

Es la visibilidad constante requerida por las plataformas sociales.

Es la expectativa de que siempre debes estar disponible para responder.

Esta demanda constante crea un constante murmullo mental.

No estamos realmente fuera de horario.

No estamos realmente desconectados.

Esta conectividad constante viene con un costo oculto extraordinario.

Nos impide establecer una base interna sólida.

El ruido actúa como un escudo.

Mantiene el mundo exterior adentro.

Crucialmente, mantiene a tu yo más profundo afuera.

¿Por qué mantenemos este sistema de defensa ruidoso?

Porque tememos la alternativa.

Tememos estar verdaderamente solos con nuestros propios pensamientos.

Cuando las demandas externas finalmente se detienen, comienza una voz interna.

Esta voz generalmente está enterrada bajo una montaña de tweets y correos electrónicos.

Es la voz que formula preguntas difíciles.

Confronta las decisiones que has ignorado.

Señala las relaciones que te están agotando.

Contiene el dolor que te has negado a procesar.

Esta confrontación es de lo que estamos huyendo.

Buscamos validación externa para evitar este ajuste interno.

Utilizamos "me gusta", comentarios y respuesta inmediata como medida de nuestro valor.

Si alguien me reconoce, debo ser real.

Si mi pareja me necesita constantemente, debo ser importante.

Si mi jefe elogia mi rapidez, valgo algo.

Buscamos afuera de nosotros mismos confirmación de que existimos y que somos suficientes.

Esta búsqueda externa es agotadora.

Es una forma desesperada y silenciosa de mendigar.

Genera una necesidad que debe ser alimentada a diario.

No puedes detener la mendiga mientras el ruido todavía te abruma.

El ruido garantiza que nunca tienes un momento de finalización interna.

Constantemente estás buscando la próxima distracción, la próxima afirmación.

Constantemente intentas tapar un agujero que solo el silencio puede sellar.

La verdadera razón por la que no puedes quedarte quieto es simple.

Estás huyendo de la persona que temes encontrar.

Esa persona eres tú, de pie desnudo en el silencio.

Este capítulo trata de enfrentar ese miedo.

Se trata de exponer el verdadero y paralizante costo de vivir enchufado.

Es el primer paso para detener la búsqueda de validación para siempre.

EXPOSED: CÓMO EL RUIDO DIGITAL 24/7 DESPERDICIA $9,251 DE TU ENERGÍA VITAL CADA AÑO

Estás pagando un costo enorme.

Te sientes agotado cada tarde.

Tu enfoque se evapora después del almuerzo.

Esto no es un fracaso de voluntad.

Este es el precio del contacto constante.

Podemos asignar un valor monetario aproximado a esta pérdida.

Digámosle $9,251 al año.

Este número representa el valor de la claridad perdida.

Representa el potencial de trabajo profundo que nunca alcanzaste.

Representa la energía emocional desperdiciada en estrés de baja calidad.

Esta energía es finita.

Cada vez que tu teléfono se ilumina, gastas parte de esa energía.

Cada correo electrónico requiere una pequeña fracción de tu consciencia.

Estás viviendo en un estado de respuesta de baja calidad.

Esta es la fatiga digital.

Es la fatiga de conexión.

Tu sistema nervioso nunca se calma realmente.

Se mantiene preparado para la interrupción.

Se queda listo para reaccionar.

Esto destruye tu capacidad para lograr un enfoque profundo.

Un enfoque profundo requiere una hora o más de concentración ininterrumpida.

La persona promedio es interrumpida cada seis minutos.

Esto es insostenible.

Tu claridad se ve afectada por esta segmentación constante.

No puedes ver el panorama general cuando estás gestionando cientos de señales pequeñas.

Pierdes la capacidad de diferenciar entre urgente e importante.

Estás demasiado ocupado procesando entradas externas.

Tu señal interna se ahoga.

Estás quemando energía vital solo para manejar el ruido.

Este ruido te está pidiendo que salgas.

Te está pidiendo que demuestres tu valor mediante la disponibilidad.

Debemos detener este drenaje de inmediato.

Debemos reclamar ese costo energético.

Debemos dejar de pagar $9,251 de tu vida cada año.

El camino para detener la mendiga comienza aquí.

Comienza al cerrar el grifo.

EL CICLO DE LA 'TAZA VACÍA': POR QUÉ LOS ME GUSTA, SEGUIDORES Y APROBACIÓN EXTERNA GARANTIZAN EL FRACASO

TIENES UNA TAZA DENTRO DE TU ALMA.

Esta taza está diseñada para contener tu sentido de valor.

Contiene tu finalización interna.

Pero para muchos de nosotros, esta taza está profundamente agrietada.

Sentimos una aguda falta dentro de nosotros.

Buscamos en el mundo exterior arreglarlo.

Buscamos frenéticamente las cosas que vierten temporalmente en la taza.

Queremos los likes.

Ansiamos los nuevos seguidores.

Necesitamos la aprobación externa de un jefe o una pareja.

Este es el ciclo de la copa vacía.

Nos paramos bajo la lluvia externa esperando satisfacer nuestra sed.

Cuando llega un like, sentimos una pequeña euforia.

Una gota diminuta de agua cae en la copa.

Se siente bien por un momento.

La sensación es dopamina.

Es validación química.

Pero la copa está rota en la base.

Las gotas se escapan de inmediato.

El sentido de falta regresa más rápido que antes.

De repente necesitas más validación para lograr la misma sensación efímera.

Este sistema garantiza el fracaso.

Es fundamentalmente insostenible.

No puedes externalizar tu totalidad a un algoritmo digital o a la opinión de otra persona.

Su aprobación es condicional.

Cambia con su estado de ánimo.

Desaparece cuando dejas de actuar.

Te obliga a un baile sin fin de complacer a los demás.

Tu valor se vuelve contingente a su atención.

Estás constantemente persiguiendo una sensación que se disipa al llegar.

Por eso perseguir la realización externamente es una verdadera forma de mendigar.

Estás caminando con la palma abierta.

Estás pidiendo a todos los demás que suministren el recurso esencial que necesitas.

La única forma de acabar con esta necesidad es dejar de verter agua externa en el recipiente.

Debes dejar de buscar el alivio temporal.

Debes alejarte de la lluvia.

Debes quedarte lo suficientemente quieto para examinar la copa misma.

Sólo en soledad puedes ver la fuga.

Solamente allí puedes comenzar el arduo y necesario trabajo de reparar las grietas desde adentro hacia afuera.

El objetivo es sellar la copa.

Una vez sellada, el mundo puede ofrecer cumplidos o críticas.

No importará.

Tu reserva interna estará llena y contenida.

Finalmente tendrás suficiente.

ADVERTENCIA: ¿QUÉ VERDADES DIFÍCILES ESTÁS DESESPERADO POR EVITAR CUANDO EL SONIDO SE DETIENE?

Usamos el ruido como un poderoso escudo.

Mantiene la luz afuera.

Más importante aún, mantiene la verdad atrapada dentro.

¿De qué tienes realmente miedo de descubrir cuando el sonido se detiene?

El internet está desconectado.

La pantalla de la TV está en negro.

Tus amigos están a millas de distancia.

Solo eres tú y tu vida interior.

No hay a dónde huir.

No hay nadie que te distraiga.

¿Temes escuchar la tranquila realización de que odias tu trabajo?

¿Te preocupa que la vida que construiste parezca perfecta pero se sienta vacía?

¿Es tu mayor temor que te casaste con la persona equivocada?

El ruido nos permite posponer ese ajuste indefinidamente.

La soledad arranca la máscara.

Te obliga a ver tu propio reflejo sin filtros halagadores.

¿Qué sucede cuando te das cuenta de que toda la ocupación fue solo una distracción?

Eso es la primera verdad difícil.

Muchas personas descubren que han pasado décadas construyendo una vida que nunca quisieron realmente.

Otra verdad espera bajo la superficie.

Es el miedo a la insuficiencia.

¿Qué pasa si no eres tan exitoso como sugieren tus publicaciones?

¿Qué pasa si tu confianza depende completamente de la validación externa?

Si los aplausos se detienen, ¿te sigues sintiendo digno?

El silencio dará la respuesta a esa pregunta de inmediato.

Nos escondemos del dolor que nunca procesamos.

Sepultamos el viejo duelo.

Reprimimos fracasos pasados.

Evamos la responsabilidad de nuestra propia felicidad.

El constante murmullos del mundo es una gran manera de mantener esa carga emocional bajo llave.

Pero la carga no desaparece.

Simplemente fermenta en los oscuros rincones de tu mente.

¿Estás preparado para el día en que el silencio te obligue a abrir ese baúl?

¿Estás listo para mirar verdaderamente tu mayor arrepentimiento?

¿Estás listo para perdonarte por ese error de hace diez años?

Este es el precio psicológico del silencio.

Exige que enfrentemos las partes de nosotros mismos que hemos etiquetado como vergonzosas.

Evamos la soledad porque sabemos que exigirá honestidad.

Exigirá responsabilidad.

Exigirá crecimiento.

Detendrá la mendicidad al instante.

Ese final da miedo porque significa que tienes que levantarte por tu cuenta.

DEFINIENDO LA 'MENDICIDAD': EL ÚNICO CAMBIO INTERNO QUE TE IMPIDE NECESITAR A ALGUIEN O ALGO

HEMOS MIRADO EL RUIDO.

Hemos visto el alto costo de huir de uno mismo.

Hemos examinado la necesidad constante de distracción digital.

Ahora definimos el problema central que estamos aquí para resolver.

Lo llamo La Mendicidad.

La Mendicidad es el zumbido persistente y de bajo nivel de necesidad dentro de ti.

Vive justo debajo de la superficie de tu vida consciente.

Te hace revisar tu teléfono en busca de mensajes que no esperas.

Te impulsa a actualizar las redes sociales para obtener validación que no necesitas.

Te lleva a buscar la aprobación de personas que no te conocen realmente.

La Mendicidad insiste en que eres fundamentalmente incompleto.

Clama que te falta algo esencial.

Exige que busques externamente la mitad que falta de tu alma.

Este sentimiento de déficit es lo que te encadena a la búsqueda constante.

Esta energía de deficiencia es lo que debemos detener.

La profunda promesa de este libro es el fin de la Mendicidad.

Es la realización de que no eres un mendigo en absoluto.

Eres un reservorio.

El único cambio interno que erradica esta necesidad es la realización de tu totalidad existente.

No te falta nada requerido para una profunda satisfacción.

Simplemente has olvidado dónde buscarlo.

El mundo siempre te dirá que estés ocupado.

El mundo siempre te dirá que busques más conexión.

El camino hacia la completitud requiere la acción opuesta.

Requiere silencio.

Requiere Soledad Elegida y con Propósito.

La soledad es el único entorno donde la mentira de la Súplica no puede sobrevivir.

Cuando estás realmente solo, no queda nadie a quien pedir validación.

No hay ningún lugar donde buscar la pieza que falta.

Te ves obligado a sentarte con la totalidad de ti mismo.

En esa quietud, finalmente escuchas la verdadera voz.

La que dice que eres suficiente.

La Súplica termina cuando dejas de intentar llenar tu copa interna de pozos externos.

Se detiene cuando te das cuenta de que la fuente del agua está dentro de ti.

Vamos a usar El Método del Silencio para probar esa verdad.

Vamos a dejar que la Súplica se muera de hambre hasta que sea silenciada para siempre.

Entonces finalmente viviremos desde un lugar de completud inquebrantable.

CHAPTER TWO

LA SOLEDAD NO ES SOLEDAD - ES UN SUPERPODER ESPIRITUAL Y UN ACTIVO A PRUEBA DE RECESIONES

TIENES MIEDO DE ESTAR SOLO.

Asocias el silencio con el castigo.

Crees que la soledad es el residuo del rechazo.

Esta es la mentira más peligrosa que crees.

Necesitamos romper ese mito ahora mismo.

La soledad no es soledad.

Son estados de ser fundamentalmente diferentes.

La soledad es aislamiento forzado.

Es el doloroso sentimiento de falta de conexión.

Te sucede a ti.

La soledad es la elección intencionada de desconectarse.

Es proactiva.

Es una cita contigo mismo.

Es la decisión consciente de recargar tu batería espiritual.

Es un acto de supremo amor propio.

Piense en la soledad como una tecnología espiritual.

Es un sistema necesario para procesar datos.

Tu mente es constantemente bombardeada con información.

Recibe alertas de noticias.

Procesa señales sociales.

Filtra el ruido digital.

Se congestionan por completo.

La soledad actúa como el software de desfragmentación necesario.

Elimina los archivos basura.

Aísla los programas esenciales.

Permite que tu sistema operativo funcione de manera óptima.

Nunca administrarías un negocio exitoso en una computadora ahogada por virus.

¿Por qué estás dirigiendo tu vida de esa manera?

Esta tecnología es el activo más importante a prueba de recesiones.

Los activos externos pueden ser destruidos.

Los mercados colapsan.

Los trabajos desaparecen.

Las relaciones a veces fracasan.

Pero la claridad que forjas en silencio no puede ser confiscada.

Cuando inviertes tiempo en verdadera soledad, construyes una resiliencia interna inquebrantable.

Esta es una moneda que nunca se devalúa.

Es la fuente de paz interior que es independiente del resultado.

Ese tipo de independencia es la mayor riqueza que existe.

Estamos dejando atrás la idea de la aislamiento accidental para siempre.

Estamos abrazando el concepto de Soledad con Propósito.

La Soledad con Propósito es una práctica programada y de alto valor.

Es la eliminación intencionada de estímulos externos.

El objetivo no es simplemente la paz.

El objetivo es la generación de una percepción aplicable.

Es una búsqueda enfocada de autoconocimiento.

No estás sentado en silencio para estar vacío.

Estás sentado en silencio para llenarte de tu propia verdad.

El mundo quiere que seas necesitado.

La economía depende de que busques externamente la satisfacción.

Tu libertad comienza en el momento en que te das cuenta de que todo lo que realmente necesitas ya está dentro de ti.

La Soledad con Propósito te muestra dónde están enterrados esos recursos.

Te da la pala.

Te dice exactamente dónde cavar.

Te conviertes en el proveedor de tus propias necesidades.

Te conviertes en la autoridad final sobre tu propia vida.

Dejas de suplicar atención o validación.

Este es el superpoder espiritual que estamos activando en ti.

Comienza con una simple y profunda elección.

Elige el silencio.

Elige la fuerza que sigue.

EL MECANISMO DE LA 'HABITACIÓN SILENCIOSA': TRANSFORMANDO EL AISLAMIENTO FORZADO EN UN LUJO ELEGIDO (VALOR: $10,000 DE CLARIDAD)

Tenemos que cambiar la historia que nos contamos a nosotros mismos.

Vemos el aislamiento como una penalización.

Tratamos la soledad como un tiempo fuera.

Nos sentimos privados cuando estamos desconectados.

Esa es la antigua narrativa destructiva.

Debemos rechazarla completamente.

La Soledad con Propósito no es privación.

Es una inversión.

Es el lujo supremo en un mundo ruidoso.

Piénsalo de esta manera.

Las propiedades más caras a menudo cuentan con una bóveda privada.

Tienen un espacio seguro y silencioso para activos irreemplazables.

Tu mente es tu activo más irreemplazable.

Tu tiempo a solas es la Habitación Silenciosa.

Este espacio está diseñado exclusivamente para ti.

Sostiene un inmenso e indiscutible valor.

Está insonorizado contra opiniones externas.

Está protegido de demandas urgentes.

Es un espacio sagrado para el autocuidado.

No pagas nada para entrar a esta habitación excepto tu atención.

Aún así, la claridad que obtienes vale mucho más que cualquier tarifa por hora.

Este es el lugar donde los millonarios y los innovadores se retiran.

No están escondiéndose del mundo.

Están agudizando sus herramientas en secreto.

Cuando entras en tu soledad elegida, no te están forzando a alejarte.

Estás eligiendo intencionalmente un estándar más alto.

Estás optando por un servicio mental premium.

La puerta está cerrada desde dentro, por tu propia mano.

Nadie puede interrumpir el proceso.

Ninguna emergencia es lo suficientemente urgente como para infringir tu límite.

Esta separación intencional es puro poder.

Es el acto radical de respeto hacia uno mismo.

Muestra que valoras tu paz interior más que la validación externa.

Estás realizando actualizaciones necesarias.

Estás reiniciando tu sistema operativo sin interferencias.

Este es tu santuario personal a prueba de recesiones.

Trátalo como la sesión de claridad de $10,000 que realmente es.

Porque si no programas este lujo, el mundo programará tu aislamiento forzado más tarde.

Y esa versión nunca se siente como libertad.

Se siente como una jaula.

Elige el santuario ahora.

Reclama la Sala de Silencio.

CÓMO FORJAR UNA CONFIANZA EN UNO MISMO INQUEBRANTABLE EN 60 MINUTOS DE SILENCIO AL DÍA (EL HORNO DE AUTONOMÍA)

La confianza en uno mismo no se encuentra.

Se forja.

Todos hemos sido enseñados a depender de evidencia externa para nuestro valor.

Buscamos diplomas.

Buscamos validación de nuestras cuentas bancarias.

Necesitamos cumplidos de nuestros amigos.

Esto no es confianza en uno mismo.

Esto es dependencia contingente.

Es frágil.

Los 60 minutos de silencio diario son tu horno de autonomía.

Cuando entras en ese espacio, todos los apoyos externos se eliminan instantáneamente.

No hay teléfono que te distraiga.

No hay nadie allí para decirte que lo estás haciendo bien.

Solo estás tú y tu fundamento.

Este es el único lugar donde la verdadera confianza puede ser probada y verificada.

La confianza significa mantener una promesa contigo mismo.

Cuando te comprometes a esa hora de silencio, estás haciendo un compromiso solemne.

Prometes mantenerte presente.

Prometes enfrentar cualquier caos interno que surja.

Cada vez que honras ese compromiso, depositas valor en tu identidad central.

Si puedes confiar en ti mismo para sentarte en la incomodidad durante 60 minutos, demuestras que puedes confiar en ti mismo en una crisis.

Si puedes navegar la tormenta de tus propios pensamientos solo, puedes navegar cualquier negociación empresarial.

Si puedes sostener tu propio espacio, eliminas la necesidad frenética de que otros lo sostengan por ti.

Esta exposición regular e intencionada a ti mismo construye durabilidad.

Muestra que eres completo, incluso cuando nadie está mirando.

Estás entrenando activamente tu mente para dejar de rogar por aprobación externa.

Estás reforzando las paredes de tu santuario interno.

Cuando sobrevives consistentemente a la intensidad del horno, te vuelves inquebrantable.

Aprendes que tu paz no depende de la aprobación de un jefe o del estado de ánimo de una pareja.

Solo depende de tu compromiso de presentarte a ti mismo.

Esta es la confianza definitiva.

Es una confianza en uno mismo que se mantiene firme, independientemente del caos que arde fuera de tu sala de silencio.

Es verdaderamente, completamente tuya.

EL HACK DE PRECISIÓN: USA EL SILENCIO PARA 'ELIMINAR QUIRÚRGICAMENTE' CREENCIAS QUE TE ESTÁN COSTANDO ÉXITO

TU MENTE ESTÁ A MENUDO SOBRECARGADA.

Está atascada con desorden mental.

Piense en todas las creencias que llevas que ni siquiera son tuyas.

Fueron implantadas por la sociedad.

Fueron transmitidas por familiares temerosos.

Son viejas y oxidadas expectativas que limitan tu crecimiento.

Te cuestan oportunidades.

Te cuestan paz.

El ruido mantiene estas creencias ocultas.

El ruido les permite pudrirse y multiplicarse en la oscuridad.

El silencio es la luz y el escalpelo.

Es la herramienta quirúrgica más precisa que posees.

Cuando entras en una soledad profunda y deliberada, el murmullo se apaga.

El ruido superficial desaparece.

Lo que queda es la infraestructura central de tu mente.

Puedes finalmente inspeccionar las fundaciones.

Sostienes cada creencia limitante.

La examines a la luz clara y aguda del silencio.

¿Es verdadera esta creencia?

¿Este pensamiento sirve a mi futuro?

¿Este miedo es realmente mío?

Te das cuenta de que la mayoría es escombros mentales.

Es desecho emocional que necesita ser incinerado.

El silencio te da la estabilidad para hacer esa separación.

Puedes usar el hack de precisión para cortar las raíces de la duda.

Cortas la expectativa de que debes actuar para obtener validación.

Extirpas el tumor que dice que no eres suficiente.

Eliminas quirúrgicamente la obligación de complacer a todos.

Este no es un acto violento.

Es el mantenimiento suave y necesario de tu alma.

Estás refinando tu metal interno.

Estás derritiendo la escoria.

Lo que queda es tu verdadera fuerza.

Es el estándar de oro de tu confianza en ti mismo.

Solo el silencio proporciona el enfoque necesario para este nivel de cirugía interna.

Dejas de moverte por la vida cargado con equipaje externo.

Comienzas a moverte con claridad delgada y orientada a un propósito.

Las creencias que te costaban éxito ya no están.

Estás listo para construir de nuevo.

PRESENTAMOS EL 'PROTOCOLO DE SOLEDAD DELIBERADA': EL SISTEMA SIMPLE QUE TERMINA CON EL AISLAMIENTO ACCIDENTAL PARA SIEMPRE

Ya entiendes la soledad.

Es un estado pesado y aplastante.

Es el temor que sientes en una tranquila noche de sábado.

Es el vacío emocional oscuro que surge cuando tu teléfono está en silencio.

La soledad es la aislamiento que te sucede.

Se siente accidental.

Se siente forzado.

Estás desesperado por conexión, pero no hay ninguna disponible.

Conlleva la vergüenza de sentirse no deseado.

Este libro está dedicado a acabar con esa aislamiento accidental para siempre.

Lo reemplazamos con Soledad con Propósito.

La Soledad con Propósito es el polo opuesto de la soledad.

La soledad es pasiva.

La Soledad con Propósito es activa.

La soledad es un resultado no deseado.

La soledad es una elección consciente y programada.

Es el acto de alejarse del mundo no porque no seas deseado, sino porque priorizas el autocuidado.

Estás eligiendo estar indisponible.

Esta es una distinción crítica.

Esta elección te empodera instantáneamente.

Transforma el aislamiento de un castigo en una herramienta valiosa y estratégica.

LLamamos a este marco el Protocolo de Soledad con Propósito.

Es el sistema simple y poderoso que dicta cuándo, por qué y cómo te retiras.

Es el paso fundamental para El Método Silencioso que sigue.

Este protocolo requiere que trates tu tiempo a solas como una reunión corporativa de alto nivel.

No te perderías una reunión con tu cliente más grande.

No puedes perderte tu reunión con tu yo más profundo.

El Protocolo exige intencionalidad.

Significa que no solo te sientas pasivamente en silencio.

Te comprometes con el silencio.

Lo usas para sanar, para claridad y para forjar una fuerza interior inquebrantable.

Dejamos de ser víctimas de las circunstancias.

Comenzamos a ser los arquitectos activos de nuestra paz.
Esta es la tecnología que construye la plenitud.
Garantiza que cualquier tiempo que pases a solas sea beneficioso.
Se convierte en una fuente de poder.
Nunca más se siente como una falta desesperada.
Elegimos la quietud.
Afirmamos la claridad.
Ese es el propósito del Protocolo.

CHAPTER THREE

CONSTRUYENDO EL MURO DE GRADO FINANCIERO: FASE 1 DEL MÉTODO SILENCIOSO PARA BLOQUEAR EL RUIDO

Hemos establecido el profundo valor de la soledad con propósito.

Sabemos que es un superpoder espiritual.

Entendemos que es el activo a prueba de recesión definitivo.

Ahora debemos aprender a acceder a él de manera consistente.

Esto comienza la Fase 1 del Método Silencioso.

LLamamos a esta fase Construyendo el Muro de Grado Financiero.

Esta es una metáfora deliberada.

Una institución financiera protege sus activos con un rigor extremo.

Utiliza seguridad de alta calidad.

Tiene cero tolerancia a las violaciones.

Debes tratar tu mundo interno con el mismo nivel de seguridad.

Tu paz es tu activo.

Tu claridad es tu activo.

Este muro protege esos recursos irremplazables.

El problema es que no puedes escuchar hacia adentro si el mundo exterior grita por atención.

La mayoría de las personas intenta encontrar enfoque en medio de una zona de guerra digital.

Intentan lograr la paz mientras están atados a sus teléfonos.

Intentan pensar en profundidad mientras revisan el correo electrónico cada tres minutos.

Esta es una receta para el fracaso energético e intelectual.

La Fase 1 es la etapa de desapego.

Es el acto de cuarentena física y mental.

Debemos bloquear agresivamente todas las demandas externas y el ruido.

Debemos crear un vacío de silencio.

Este vacío es el espacio sagrado donde tu verdadero yo puede finalmente aparecer.

Esta es la parte más difícil para la mayoría de las personas.

Requiere romper una adicción.

Estás adicto a la estimulación inmediata del mundo moderno.

Cuando te desconectas, sientes ansiedad.

Sientes una sensación de emergencia.

Tu cerebro genera excusas para conectarse, para responder, para involucrarse.

Esta es la necesidad pidiendo alimento.

Debes resistir la tentación de alimentarla.

Debes aceptar que este desapego inicial se sentirá doloroso.

Se siente doloroso porque te estás alejando de una droga poderosa.

Esta droga es la aprobación.

Esta droga es la distracción.

Esta droga es la falsa sensación de importancia que proviene de ser necesario.

Estamos cortando los cables.

No solo estamos apagando el teléfono.

Estamos creando límites emocionales.

Estamos estableciendo tiempo de silencio no negociable.

Estamos dejando claro al universo que este tiempo te pertenece solo a ti.

El primer paso hacia la plenitud es negarse a ser quebrantado por demandas externas.

El muro debe ser construido antes de que el trabajo silencioso pueda comenzar por dentro.

Debe ser fuerte.

Debe ser de grado financiero.

Comencemos con tu entorno inmediato.

Comencemos terminando la mendicidad digital.

EL DESCONEXIÓN INSTANTÁNEA EN 3 PASOS: CÓMO DERROTAR LA RESISTENCIA EMOCIONAL DE DESCONECTARSE

Sientes resistencia en el momento en que decides apagarlo.

Es un pánico genuino.

Tu teléfono es tu cerebro externo.

Es tu manta de seguridad social.

Cuando te desconectas, tu mente grita que te estás perdiendo algo vital.

Esa es la resistencia emocional que debemos vencer.

Lo hacemos instantáneamente.

Usamos tres pasos simples para crear la separación necesaria.

Paso Uno: El Apagón Digital Instantáneo.

No solo pongas tu teléfono en silencio.

Poner en silencio deja la puerta abierta a la tentación.

Necesitas un descanso decisivo.

Ve a tu configuración ahora mismo.

Desactiva todas las notificaciones de redes sociales permanentemente.

Desactiva los distintivos de correo electrónico.

Los puntos rojos deben desaparecer.

Estas son las señales visuales que desencadenan tu compulsión.

A continuación, activa el Modo Avión.

Luego, el paso vital.

Coloca el teléfono en un lugar designado.

Un cajón.

Una caja.

Una estantería lejana.

No lo dejes en tu escritorio o en tu bolsillo.

Esto crea una barrera física a la acción.

Te estás obligando a pausar antes de recuperarlo.

Paso Dos: Nombra la Vibración Fantasma.

Llega el momento de silencio.

La ansiedad golpea de inmediato.

Sentirás una vibración fantasma en tu bolsillo o en tu mano.

Tu mente corre, pasando por todas las posibles emergencias que podrías estar perdiéndote.

Te preocupas de que el trabajo se desmorone.

Te preocupa que un ser querido te necesite de inmediato.

Esta preocupación no es la realidad.

Es el mecanismo de defensa emocional de tu necesidad.

Detente y nombra el sentimiento.

Di, "Este sentimiento es FOMO."

Di, "Este sentimiento es mi miedo a ser insignificante."

No racionalices por qué deberías revisar.

Reconoce la adicción que busca su satisfacción.

Rechaza alimentarla con comportamiento de chequeo.

Simplemente nota la incomodidad.

Esta conciencia instantánea derrota la resistencia.

Paso Tres: Ancla al Mundo Interno.

No puedes simplemente eliminar un hábito sin reemplazo.

El vacío del silencio te atraerá de vuelta a la pantalla.

Debes reemplazar la compulsión de revisar con una acción definida.

Este es tu ancla de soledad.

Antes de desconectarte, decide exactamente qué harás.

¿Te sentarás durante 15 minutos a respirar en silencio?

¿Escribirás tres oraciones en un diario?

¿Simplemente mirarás por la ventana y notarás el cielo?

Haz que el ancla sea pequeña y no digital.

En el momento en que surja el impulso de agarrar el teléfono, pivota instantáneamente hacia tu actividad de ancla.

No luches directamente contra el impulso.

Evítalo enfocando tu atención hacia adentro, hacia tu acción precomprometida.

El objetivo es elegir el silencio sobre el golpe de dopamina.

Vence la resistencia emocional priorizando tu mundo interno.

Estás señalando a tu mente que este nuevo espacio tranquilo es más importante que las demandas externas.

La necesidad pierde poder con cada pivote exitoso.

EL RITUALE DE 'ZONA SILENCIOSA' DE 15 MINUTOS QUE GARANTIZA ENFOQUE INSTANTÁNEO, EN CUALQUIER LUGAR

La ubicación física importa menos que el compromiso que traes a ella.

Necesitas una señal.

Necesitas un espacio que le diga a tu cerebro que es hora de dejar de reaccionar.

Es hora de comenzar a escuchar.

Lo llamamos tu Zona Silenciosa.

Esta zona no tiene que ser una habitación separada y perfectamente insonorizada.

Esa es a menudo una imposibilidad en la vida moderna.

Tu zona puede ser la silla específica en la esquina de tu dormitorio.

Puede ser los últimos tres pies de tu camino de entrada antes de entrar a la casa.

Puede ser un banco debajo de un cierto árbol en el parque local.

El elemento crítico es la designación.

Debes tratar esta ubicación como un espacio sagrado.

Es el ancla para tu Protocolo de Soledad Consciente.

Este ritual debería durar solo 15 minutos.

Eso es tiempo suficiente para despejar el ruido inmediato sin desencadenar ansiedad extrema.

Usa este tiempo a diario.

La consistencia es el superpoder definitivo aquí.

No te saltes un día, incluso si solo logras diez minutos.

Establece un horario específico y no negociable para este retiro de 15 minutos.

Cuando entres en tu Zona Silenciosa, sigue los tres pasos básicos.

Primero, coloca tu teléfono y todos los dispositivos fuera de alcance.

Segundo, establece tu posición.

Sienta erguido o permanece de pie con propósito.

Tercero, respira profundamente y relaja conscientemente tu mandíbula.

El ritual es simple.

La repetición es el poder.

Al entrar consistentemente en el mismo espacio a la misma hora, condicionas tu mente.

Creas un atajo mental.

Tu cerebro aprende rápidamente a pasar del caos reactivo a la calma proactiva.

Tan pronto como te acomodes en esa silla familiar o te posiciones debajo de ese árbol, el enfoque se establece.

Se vuelve instantáneo.

El ruido que experimentaste hace solo momentos no puede seguirte a este espacio designado.

Ya no luchas por la claridad.

Simplemente observas el silencio que ya está presente.

Esta consistencia hace que ese enfoque sea portátil.

Llevas contigo la sensación de la Zona Silenciosa todo el día.

VERDAD ASOMBROSA: LAS SUTILES OBLIGACIONES EMOCIONALES QUE MATAN TU ENERGÍA (Y CÓMO TERMINAR CON ELLAS HOY)

Estamos constantemente de guardia.

Creemos que estamos estableciendo límites al silenciar nuestro teléfono.

Pero la atadura emocional permanece.

Esta es la asombrosa verdad de la obligación.

No es el ruido del exterior lo que te mata.

Es el deber percibido de responder instantáneamente a las necesidades de los demás.

Esta es la sutil deuda emocional que pagas cada día.

Mata tus reservas de energía.

Te impide entrar en una profunda soledad.

Te sientes obligado a ser el único regulador emocional de tu pareja.

Te sientes obligado a dejarlo todo por la ansiosa llamada telefónica de un padre.

Te sientes obligado a responder un correo electrónico de trabajo tarde en la noche.

Estas no son amabilidades.

Son tácticas de auto-borrado.

Para comenzar un verdadero trabajo de soledad, debes construir muros emocionales.

Estas paredes son protectoras, no punitivas.

Son esenciales para la Fase 1 del Método Quieto.

Comienza con tu pareja.

Requieren honestidad y claridad.

No te escabullas.

Anuncia tu tiempo sagrado.

"De 7:00 a 7:45 PM, estoy completamente desconectado."

"Estoy invirtiendo en mi propia claridad."

Explica que un tú más claro es un mejor compañero.

Reformula la soledad como mantenimiento de relaciones, no como abandono.

Sé inflexible con el tiempo.

Este compromiso les enseña respeto por tu espacio interno.

Esto termina con la súplica sutil de atención.

Con la familia, la obligación a menudo está impregnada de culpa.

Te preocupa decepcionarlos.

Debes enseñarles que tu tiempo de silencio es un tiempo de salud no negociable.

Si tienes hijos, explica el concepto de recarga.

Muéstrales que priorizarse a uno mismo es un comportamiento responsable de adulto.

Se adaptarán rápidamente si eres constante.

Si eres inconsistente, pondrán a prueba el límite cada vez.

Con los colegas, los límites son puramente profesionales.

Tu trabajo no es estar disponible instantáneamente.

Tu trabajo es producir trabajo de alta calidad.

Utiliza respuestas automáticas para tus ventanas de soledad.

Bloquea tiempo en tu calendario específicamente para pensar en profundidad.

Nombra este bloque "Sesión de Claridad Enfocada".

No dejes que tu entorno defina tu acceso.

Controlas el acceso.

Cuando regreses al ruido, vuelves completo, no vacío.

Tu integridad energética es tu activo más valioso.

Protégelo ferozmente.

Termina las sutiles obligaciones emocionales hoy simplemente negándote a pagarlas.

Tu silencio es tu pago para ti mismo.

¿QUÉ PASA EN LOS PRIMEROS 60 MINUTOS DE SILENCIO INTENCIONAL? (TU GUÍA PARA MANEJAR EL PÁNICO INICIAL)

HAS CERRADO LA PUERTA.

Has ajustado el temporizador para sesenta minutos.

Se siente pesado.

Se siente inmenso.

Esperas calma inmediata.

Esperas el suave flujo de sabiduría.

No es eso lo que sucede.

Lo que sucede primero es una oleada de estática.

Este es el pánico inicial.

Los primeros cinco minutos son a menudo pura resistencia física.

Sientes un impulso repentino e intenso de moverte.

Quieres rascarte.

Quieres mirar el reloj.

Quieres cambiar tu postura repetidamente.

Tu cuerpo está acostumbrado a la actividad constante.

Está luchando contra la quietud.

Alrededor del minuto diez, el ruido mental golpea.

Es fuerte.

Es frenético.

Tu cerebro de repente te recuerda cada cosa estúpida que has dicho.

Revisa tus preocupaciones financieras.

Te exige recordar si pagaste esa factura.

Grita preguntas que requieren respuestas.

Esta es la descarga de datos.

Tu mente está vaciando el cajón de la basura.

Usamos ruido constante para mantener este cajón cerrado.

Cuando fuerzas el silencio, la basura se derrama de inmediato.

Te sentirás abrumado.

Pensarás que esto no está funcionando.

Desearás el teléfono como si fuera una hambre física.

Este es el punto donde la mayoría de las personas fallan.

Confunden el proceso de limpieza con el fracaso.

Concluyen que están demasiado ocupados para el silencio.

Esta oleada de ansiedad es prueba de que desesperadamente necesitas esta hora.

Mantente firme durante los minutos veinte a cuarenta.

Este es el campo de batalla.

La voz interna se vuelve increíblemente persuasiva.

Ofrece razones lógicas para rendirse.

Dice: Una verdadera crisis está sucediendo ahora mismo.

Dice: Deberías ser productivo en su lugar.

Dice: Estás perdiendo tiempo.

Reconoce esta voz como el Yo que Suplica.

Está aterrorizado de perder el control.

No puede existir sin input externo.

Míralo agitarse.

No interactúes con él.

Sólo observa la desesperación.

Alrededor del minuto cuarenta, sucede algo milagroso.

El ruido no se detiene por completo.

Pero la fuerza detrás de él se debilita.

La inquietud se calma.

Tu mente está cansada de discutir consigo misma.

Está exhausta de hacer una rabieta.

Los pensamientos se vuelven más lentos.

Se vuelven más delgados.

De repente encuentras un espacio vacío.

Te das cuenta de que has estado sentado en silencio durante cuarenta minutos.

No ha pasado nada terrible.

El mundo no se ha acabado porque hayas estado en silencio.

En los últimos quince minutos, obtienes tu primera recompensa.

Recibes un único pensamiento claro.

No es frenético.

Es calmado.

A menudo es una percepción sobre una situación que te ha estado estresando durante semanas.

Es la verdad auténtica que aflora.

Te das cuenta de cuánta energía consume el pánico.

Te das cuenta de que manejaste la primera hora de silencio intencional.

Enfrentaste el miedo de tu propia mente y ganaste.

Esta hora exitosa prueba que eres más fuerte que el ruido.
Has sobrevivido al pánico inicial.
Estás listo para la claridad.

CHAPTER FOUR

—★-★-★—

EL ECO INTERIOR: CÓMO CONVERTIR EL CAOS MENTAL EN PERSPECTIVAS CLARAS Y ACCIONABLES

HICISTE LA PARTE DIFÍCIL.

Cerraste el mundo afuera.

Desconectaste el teléfono.

El espacio está tranquilo ahora.

Pero te sientes todo menos calmado.

El ruido interno es ensordecedor.

Se siente como un caos mental.

Esto es completamente normal.

Esta es la Fase Dos del Método del Silencio.

La llamamos El Eco Interior.

Es la fase de escucha activa.

Tu vida externa se quedó en silencio en el Capítulo 3.

Ahora tu vida interna está exigiendo atención.

Piensa en tu mente como un almacén ocupado.

Durante años, has estado apilando cajas en el centro.

Contienen miedos.

Almacenan viejos resentimientos.

Guardan listas interminables de tareas.

El ruido del mundo mantuvo esas cajas quietas.

Ahora el ruido externo ha desaparecido.

Las cajas comienzan a moverse.

Empiezan a sonar.

Todo se está derrumbando de una vez.

Este es el caos que experimentas en los primeros días de silencio.

La mayoría de las personas entra en pánico justo aquí.

Agarran su teléfono.

Encienden la televisión.

Corren de regreso al ruido porque el silencio se siente peligroso.

No es peligroso.

Es solo información no procesada.

Es información cruda sobre tu vida.

Si te apresuras a escapar de esto, pierdes.

Pierdes la claridad que estás buscando.

Pierdes la oportunidad de una profunda comprensión.

Este es el punto donde pasamos de la evitación a la implicación.

Dejamos de intentar silenciar las voces internas.

Comenzamos a traducirlas.

El objetivo de la fase del Eco Interior es simple.

Debemos distinguir entre estática sin sentido y verdad crítica.

El caos no es claridad.

Pero la claridad está oculta dentro del caos.

Está esperando a que te detengas lo suficiente para escucharla.

Vamos a desarrollar una habilidad de alto nivel aquí.

Aprendemos cómo escuchar el eco sin convertirnos en el eco.

Aprendemos cómo observar los pensamientos tumultuosos sin dejar que nos arrastren.

Esta escucha enfocada es el puente.

Te lleva de la ansiedad a la comprensión.

Convierte la confusión mental en acciones que puedes tomar ahora mismo.

Es la diferencia entre sobrevivir tu vida y dirigirla.

TRATANDO TUS PENSAMIENTOS COMO TRÁFICO PASAJERO: LA TÉCNICA DE MEDITACIÓN QUE OFRECE CALMANTE INMEDIATO

Cierras los ojos en el silencio.

Esperas la tranquilidad.

No llega.

En cambio, el ruido dentro de tu cabeza se hace mucho más fuerte.

Esto le sucede a todos.

Esto no es un fracaso.

Es la mente protestando por la pérdida de estimulación externa.

Se siente descuidada.

Empieza a gritar recuerdos, preocupaciones y listas de tareas al mismo tiempo.

Quiere que te levantes y hagas algo.

Necesitamos una forma de lidiar con este alboroto mental.

Utilizamos el método del tráfico pasajero.

Imagina que estás de pie en una acera calma y vacía.

Tu conciencia es la acera.

La calle a tu lado es la carretera ocupada de tu mente.

Tus pensamientos son los vehículos que pasan apresurados.

Un pensamiento pasa rápidamente sobre un error que cometiste el año pasado.

Ese es un gran camión de entrega.

Es ruidoso.

Lleva una carga pesada de culpa.

No saltes a la parte trasera del camión.

No lo detengas para preguntar a dónde va.

Simplemente observa que es un camión.

Míralo pasar junto a ti.

Otro pensamiento se desliza sobre una fecha límite mañana.

Ese es un coche deportivo rápido y ansioso.

Ves el color.

Escuchas el rugido del motor.

Luego lo dejas continuar su camino.

No se detiene por ti.

Es simplemente tráfico.

La clave es el no juicio radical.

No te enojas con el coche rojo por ser rápido.

No criticas al camión por ser lento.

Simplemente observas el movimiento.

Reconoces su existencia sin participar en su viaje.

Cuando inevitablemente te encuentres persiguiendo un pensamiento, recuérdate suavemente volver a la acera.

Simplemente regresa tu enfoque a tu respiración.

Puedes decir la palabra "pensamiento" internamente a medida que pasa.

Este simple reconocimiento crea separación.

Te convierte en el observador.

Quita de inmediato el poder del pensamiento.

El pensamiento ya no es realidad.

Es solo ruido mental que pasa.

Esta simple distancia es la fuente de una calma instantánea y profunda.

La multitud del tráfico se desacelera cuando te niegas a pedir un taxi.

Estás aprendiendo a quedarte quieto.

Estás aprendiendo que no eres el caos.

Eres la acera segura.

EL 'INTERRUPTOR DEL CRÍTICO': CÓMO IDENTIFICAR Y NEUTRALIZAR LA VOZ DE AUTO-SABOTAJE EN 5 MINUTOS.

Estás sentado en el silencio.

Las demandas externas han desaparecido.

Entonces comienzan las demandas internas.

Una voz dura comienza a hablar.

Te dice todo lo que has hecho mal.

Enumera tus fracasos.

Exige perfección.

Este es el Crítico.

Se siente como la verdad.

No es la verdad.

El crítico es un mecanismo de supervivencia.

Está tratando de protegerte.

Cree que si te reprende primero, los demás no podrán lastimarte después.

Su objetivo es la seguridad, no la felicidad.

Su método es el auto-sabotaje.

Necesitas reconocer esta voz de inmediato.

Este es el primer paso del Interruptor del Crítico.

Debes identificarlo como separado de tu yo auténtico.

Cuando escuches una afirmación como, "Nunca terminas nada importante," para.

No discutas con la afirmación.

Discutir le da poder.

En su lugar, etiqueta la voz.

Di para ti mismo, "Esa es la voz del Crítico hablando."

Dale un nombre ridículo si lo deseas.

Llámalo Bartolomé el Destructor.

Llámalo Debbie la Aguafiestas.

Esta externalización crea distancia.

Ya no eres la víctima del pensamiento.

Eres el observador del pensamiento.

Ahora, neutraliza el auto-sabotaje.

Haces esto en 5 minutos.

Escucha la crítica cuidadosamente una vez más.

Hazte una pregunta.

¿"Qué teme esta voz que suceda?"

La respuesta siempre es miedo.

Miedo al rechazo.

Miedo al fracaso.

Miedo a no ser amado.

Una vez que el miedo es expuesto, la voz pierde su veneno.

Ya no es un informante de la verdad.

Es solo un niño ansioso tratando de manejar lo desconocido.

Reconoce el miedo con compasión.

Di, "Te escucho, miedo.

Pero ahora estoy a salvo."

Luego cambia el enfoque.

Dedica inmediatamente los siguientes cinco minutos a enumerar tres cosas que has logrado con éxito en las últimas 72 horas.

Pueden ser cosas pequeñas.

Terminaste tu café.

Enviaste ese correo electrónico.

Te sentaste en silencio durante diez minutos.

Esta acción concreta te ancla en la realidad.

Cambia la corriente emocional.

El Interruptor del Crítico funciona porque le niega al crítico dos cosas.

Le niega validez.

Le niega atención.

Es una operación de rescate de cinco minutos.

Úsalo siempre que la voz demande tu sufrimiento.

Elige seguridad a través de la auto-compasión en lugar de seguridad a través de la auto-reprimenda.

REVELADO: LA SENCILLA PRUEBA DE SOLEDAD QUE DISTINGUE EL RUIDO HABITUAL DE LA VERDAD PERSONAL AUTÉNTICA.

La diferencia entre el ruido y la verdad es la cosa más valiosa que jamás aprenderás.

Esta habilidad se gana solo en silencio.

El ruido es solo hábito.

Es tu cerebro ejecutando viejos programas.

Es el eco de las expectativas de tu madre.

Es la presión constante de las tendencias en redes sociales.

El ruido es fuerte.

Es frenético.

Exige acción inmediata basada en el miedo o la falta percibida.

Siempre se enfoca en la validación externa.

Te dice que revises tu teléfono ahora mismo.

Dice que debes mantenerte ocupado para ser digno.

Necesitamos una herramienta sencilla para filtrar este flujo destructivo.

La llamamos la Prueba de Soledad.

Cuando te sientas en soledad intencionada, el ruido entra primero.

Intenta asustarte para que salgas de tu silla.

Es la resistencia.

La Prueba de Soledad te pide que esperes.

No hagas nada.

Solo observa los pensamientos urgentes y repetitivos que intentan engancharte.

Si un pensamiento está gritando, generalmente es ruido.

Si trae estrés o una sensación de obligación apresurada, es ruido.

Ahora, espera aún más tiempo.

A medida que el grito frenético se desvanece, algo más comienza a surgir.

Está en silencio.

Se siente asentado.

No demanda nada.

Esta es tu verdad personal auténtica.

Esta verdad podría ser una profunda e inesperada percepción sobre una relación.

Podría ser una directiva calmada y firme sobre tu trayectoria profesional.

Probablemente contradiga el ruido por completo.

La prueba es sencilla.

El ruido se desvanece y desaparece cuando te niegas a involucrarte con él.

La verdad es persistente.

Espera pacientemente hasta que el caos disminuya.

Te regresa al día siguiente con la misma calma y certeza.

Trae un sentimiento de profunda resonancia, no de miedo.

No es un pico emocional.

Es un conocimiento silencioso en tu interior.

Aprende a distinguir el volumen.

Deja de escuchar el grito frenético del mundo.

Confía en el susurro suave y persistente de tu propia alma.

EL PROTOCOLO DE 'INDAGACIÓN ACTIVA': USANDO LA QUIETUD PARA FORZAR RESPUESTAS A TUS MÁS GRANDES PREGUNTAS DE VIDA

ESTO NO ES SOLO SOBRE HIGIENE MENTAL PASIVA.

No es simplemente meditación.

Estamos avanzando más allá de observar el tráfico de tus pensamientos.

Este es un proceso calculado y estratégico.

Se llama Indagación Activa.

La Indagación Activa utiliza la quietud absoluta como una cámara de presión.

Usas el silencio para forzar la confrontación con los temas más difíciles de tu vida.

Estás exigiendo una respuesta de tu ser más profundo.

Estás forzando claridad.

El proceso comienza enmarcando tu pregunta.

Debe ser singular.

Debe ser muy específica.

Debe ser consecuente.

No puedes preguntar "¿Qué debo hacer con mi vida?".

Esa pregunta es demasiado grande para una mente ocupada.

Pero cuando estás solo, puedes hacer algo como esto.

"¿Cuál es el único compromiso que tengo miedo de hacer que resolvería mi actual inseguridad financiera?".

O "¿Qué mentira me estoy diciendo sobre mi relación con mi pareja?".

O "Si tuviera seis meses de vida, ¿cuál sería mi verdadera prioridad en este momento?".

Enmarcas la pregunta.

La mantienes en tu conciencia.

Te sientes perfectamente quieto en tu zona tranquila.

No intentas generar una respuesta.

Sencillamente sostienes la pregunta como un espejo.

La mantienes firme.

Los primeros minutos se sentirán caóticos.

Tu mente intentará ofrecer respuestas viejas y ensayadas.

Intentará enviarte una lista de tareas en su lugar.

Ignora el ruido.

El ruido es el mecanismo de defensa que protege la verdad.

A medida que la quietud se profundiza, la presión interna aumenta.

Tu mente está esencialmente atrapada con esta única y poderosa indagación.

Las distracciones constantes del mundo externo son bloqueadas.

El ruido que normalmente suprime la verdad es silenciado.

La mente se queda solo con su contenido más profundo y vital.

La respuesta surgirá.

A menudo no viene como palabras en tu cabeza.

Viene como una convicción profunda e innegable.

Es un sentimiento pesado, cierto, que no requiere prueba.

Se siente como una repentina descarga interna de verdad.

Podrías darte cuenta de repente que necesitas dejar un trabajo que paga bien pero mata tu espíritu.

Podrías darte cuenta de que la persona a la que culpas por tu pasado es en realidad irrelevante para tu presente.

Podrías darte cuenta de que el verdadero siguiente paso para tu negocio requiere una simplificación radical.

La Indagación Activa es cómo saltas años de confusión.

La quietud es la herramienta que no le da a las verdades más profundas y duras ningún lugar para esconderse.

Planteas el problema en la quietud.

Confías en que tu verdadero yo proporcionará la solución quirúrgica.

Debes estar listo para escribir la respuesta cuando aparezca.

A menudo desaparece tan rápido como llega si no se ancla inmediatamente.

Usa el silencio para dejar de adivinar.

Usa la quietud para comenzar a saber.

CHAPTER FIVE

REPARANDO EL CORAZÓN: POR QUÉ LA SOLEDAD PROCESA 10 AÑOS DE DOLOR EN 10 DÍAS

LLEVARÁS TANTO DOLOR OCULTO.

Ni siquiera conoces el peso completo de él ya.

Pasamos toda nuestra vida huyendo del procesamiento emocional.

Nos distraemos con amigos.

Nos anestesiamos con los medios.

Llenamos cada momento en silencio con ruido.

Esta actividad constante crea un atraso emocional.

Es como negarse a abrir tu correo durante diez años.

Las facturas se acumulan.

El peso de las cartas no leídas se vuelve abrumador.

La soledad te obliga a abrir el sobre.

Te hace sentarte y mirar el contenido.

Este es el poder terapéutico de estar completamente solo.

Es el único espacio donde puedes ser verdaderamente honesto.

Tu objetivo no es escapar del dolor en la soledad.

Tu objetivo es invitarlo a entrar.

Invitas las viejas heridas de relaciones.

Invitas las decepciones.

Invitas la vergüenza que aún llevas de hace años.

Les das una silla en tu habitación tranquila.

Las observas sin reaccionar.

Escuchas las historias que cuentan.

La sanación comienza de inmediato cuando termina la lucha.

La lucha es la resistencia a sentir.

La resistencia a sentir se alimenta del ruido externo.

Cuando el ruido se detiene, la resistencia colapsa.

Te quedas simplemente con la emoción cruda en sí misma.

Esta confrontación emocional es altamente eficiente.

Acelera el tiempo de procesamiento increíblemente rápido.

En el mundo exterior, estás constantemente gestionando tu imagen.

Te preocupa si otros ven tu tristeza.

Te preocupa si juzgan tu ira persistente.

Este rendimiento consume toda tu energía.

Deja cero energía para sanar la herida debajo.

En la soledad, no se requiere rendimiento.

No hay público a complacer o gestionar.

Puedes colapsar en un montón si lo necesitas.

Puedes llorar sin censurar el sonido.

Puedes acceder a una profunda compasión por el yo del pasado que sufrió.

Puedes soltar los apegos a los que has estado aferrándote.

Te aferraste a la esperanza de la reconciliación.

Te aferraste a la fantasía de cómo deberían haber sido las cosas.

La soledad te muestra la simple realidad de lo que es.

Te da la fuerza para soltar suavemente.

Diez años de dolor acumulado pueden ser procesados activamente en diez días de trabajo interior enfocado.

No es magia.

Es pura labor enfocada.

Es un trabajo que has evitado hacer durante una década.

Ahora, aprenderemos a abordar esta cámara de sanación con coraje.

Descubriremos cómo utilizar el entorno de cero presión para finalmente sanar el corazón.

EL 'ATRASO EMOCIONAL': POR QUÉ EL RUIDO Y LA ACTIVIDAD SUPRIMEN LA SANACIÓN QUE NECESITAS DESESPERADAMENTE

Tienes un atraso emocional.

Es enorme.

Piénsalo como una montaña de dolor no procesado.

Estas son las heridas con las que nunca trataste plenamente.

Son las traiciones menores.

Son las profundas decepciones.

Son los miedos persistentes a los que nunca les diste un nombre.

La vida moderna exige una recuperación inmediata.

Se espera que estemos bien y sigamos adelante rápidamente.

No se nos da espacio para realmente llorar o procesar emociones difíciles.

Así que usamos el ruido como Novocain emocional.

Nos distraemos constantemente.

Subimos la música.

Contestamos cada notificación.

Programamos actividades sociales hasta que nuestro calendario rebosa.

Estas actividades son defensas funcionales.

Mantienen a raya el silencio.

Aseguran que los sentimientos dolorosos y necesarios no puedan salir a la superficie.

Estamos literalmente demasiado ocupados para sanarnos.

Este hábito de supresión es agotador.

El equipaje emocional no desaparece solo porque lo ignores.

Simplemente se empuja a un armario profundo y oscuro.

Ese armario consume una inmensa energía mental solo para mantener la puerta cerrada.

El peso del atraso drena tu alegría diariamente.

Te hace irritable.

Te hace frágil.

Te garantiza que sigas necesitado, porque estás constantemente buscando alivio externo para un dolor interno.

La soledad es el único remedio para esta supresión.

Es el tiempo y espacio dedicados para desempacar emociones.

Debes abrir la puerta del armario.

Debes sentarte con el contenido.

Debes examinar los sentimientos sin juicio.

No puedes sanar lo que estás tratando de evitar.

El silencio obliga a una confrontación con el verdadero estado de tu corazón.

Este proceso es incómodo al principio.

Las primeras horas de quietud pueden parecer una explosión de viejos sentimientos.

Esa es la acumulación finalmente encontrando espacio para respirar.

Damos la bienvenida a esta liberación.

En la soledad, estás a salvo para sentir la tristeza completamente.

Se te permite reconocer la ira.

Finalmente puedes prestar atención a la parte de ti que fue abandonada hace años.

La presencia de otras personas obliga a actuar.

Ponemos una cara valiente para ellos.

Minimizamos nuestro dolor para la aceptación social.

Cuando realmente estás solo, esa máscara cae.

Estás libre de ser simplemente honesto contigo mismo.

La soledad es el espacio sagrado donde puede ocurrir el verdadero metabolismo emocional.

Permite que la energía acumulada de eventos pasados finalmente se disipe.

Desempacas el dolor.

Procesas el sentimiento.

Despejas el atraso un momento tranquilo a la vez.

Esta es la sanación requerida.

Es por eso que la quietud no es solo beneficiosa.

Es absolutamente obligatoria.

EL MECANISMO DE CERO PRESIÓN: POR QUÉ ALEJARSE DE LAS PERSONAS ACELERA LA AUTOCOMPASIÓN Y EL PERDÓN

VIVIMOS EN MODO DE RENDIMIENTO.

Cada interacción requiere esfuerzo.

Constantemente estamos gestionando la percepción.

Necesitamos presentar una cara consistente al mundo.

Tememos ser expuestos como imperfectos o desordenados.

Esta presión externa hace imposible la sanación genuina.

No puedes ser verdaderamente honesto acerca de tus defectos mientras intentas lucir bien.

La soledad elimina completamente a la audiencia.

Este es el Mecanismo de Cero Presión en acción.

La expectativa de rendimiento cae instantáneamente a cero.

Ya no necesitas defender tus acciones pasadas ante nadie.

No tienes que justificar las cosas que lamentas haber hecho.

Eres simplemente el ser humano crudo y defectuoso en la habitación.

Esta ausencia de juicio es verdaderamente revolucionaria.
Permite una autocompasión inmediata y radical.
Finalmente puedes mirar tus propios errores de frente.
Los ves como elecciones, no como defectos de carácter.
No hay nadie más a quien impresionar con tu historia perfecta.
Te das a ti mismo el espacio suave que mereces.
Empiezas a hablarte a ti mismo como un guía amorosamente feroz.
Estabas haciendo lo mejor que podías con las herramientas que tenías.
El perdón acelera rápidamente en este vacío silencioso.
Estás sanando viejas heridas relacionales en el silencio.
Cuando la otra persona está ausente, el lazo emocional se debilita.
Ya no estás reaccionando a su presencia o memoria.
Puedes ver claramente su humanidad ahora.
Dejas de necesitar justificar tu lado del conflicto.
Más importante aún, puedes aceptar tus propias imperfecciones.
El ciclo de culpa y defensa emocional finalmente deja de girar.
Te perdonas por necesitar validación.
Te perdonas por las malas decisiones que tomaste.
Te perdonas por el dolor que aceptaste.
Este trabajo privado libera inmensas cantidades de energía.
Acelera instantáneamente el proceso de volver a ser completo.
La máscara está permanentemente fuera.
Finalmente estás lo suficientemente seguro como para sanar.
Cero presión significa cero necesidad.

CÓMO GENERAR FELICIDAD INTERNAMENTE PARA QUE TU ESTADO DE ÁNIMO NUNCA DEPENDA DE EVENTOS EXTERNOS (LA LIBERTAD DEFINITIVA)

Tus emociones han estado secuestradas por demasiado tiempo.

A menudo vivimos la vida esperando permiso para sentirnos bien.

Esperamos una promoción para ser felices.

Esperamos un mensaje de texto para sentirnos amados.

Esperamos el fin de semana para sentirnos relajados.

Este sistema está roto.

Significa que tu estado interno depende completamente de las circunstancias externas.

Eres una hoja lanzada por el viento de los eventos externos.

Debes reclamar tu soberanía emocional.

La soledad es la única manera de construir una planta de poder dentro de ti mismo.

Es donde te das cuenta de que sentirse bien es un trabajo interno.

No requiere audiencia.

No requiere aprobación.

Es simplemente un reconocimiento de tu integridad existente.

Para generar felicidad internamente, primero debes detener la búsqueda externa.

Deja de tratar cada evento externo como un interruptor para tu estado de ánimo.

El cumplido es agradable.

El insulto es temporal.

Ninguno de los dos define tu estado central.

En tus momentos de tranquilidad, practica el desapego radical de los resultados.

Concéntrate en el sencillo privilegio de estar presente.

Encuentra alegría en el simple mecanismo de tu cuerpo respirando.

Encuentra consuelo en la quietud de tu mente.

Esta profunda satisfacción central no es una alegría efímera.

Es una paz duradera.

Es el conocimiento de que la mejor fuente de validación siempre está presente.

Reside dentro de ti.

Esta es energía autogenerada.

Cuando obtienes felicidad de este pozo interno, nunca se agota.

Una mala reunión no vacía el pozo.

Un contratiempo en una relación no colapsa el pozo.

Has aprendido a separar el incidente de la realidad interna.

Tu realidad interna es estable.

Está anclada.

Este desapego crea la libertad definitiva.

Eres libre para interactuar con el mundo sin necesitar nada a cambio.

Das amor sin suplicar por ello a cambio.

Persigues metas sin que ellas te completen.

Tu estado de ánimo ya no está a la venta.

No es negociable.

Es un activo que posees completamente.

Esto es lo que significa ser verdaderamente intocable.

DESCUBIERTO: EL TRUCO DE LA SOLEDAD QUE ROMPE LA CO-DEPENDENCIA TÓXICA Y PRUEBA QUE YA ERES COMPLETO

PERSIGUES CONEXIÓN PORQUE TEMES ESTAR INCOMPLETO.

Este es el corazón de la co-dependencia.

Crees que necesitas a otra persona para funcionar.

Piensas que su presencia confirma tu valor.

Esa creencia es una mentira tóxica.

Es una forma agotadora de vivir.

Te obliga a seguir patrones de persecución y rendimiento.

El truco de la soledad rompe este ciclo instantáneamente.

Cuando quitas intencionalmente la entrada externa, la dependencia no tiene nada de qué alimentarse.

El patrón de apego se muere de hambre.

Te quedas completamente contigo mismo.

Este sentimiento da miedo al principio.

Se siente como una verdadera separación.

Pero la soledad rápidamente te muestra una nueva verdad.

Revela la plenitud inherente ya presente.

Te das cuenta de que nunca estuviste realmente roto.

Simplemente estabas distraído de tu propia base.

El silencio prueba que tu estabilidad no depende de mensajes de texto.

Tu alegría no depende del buen humor de una pareja.

Tu supervivencia no está ligada a la aprobación de otra persona.

Cada hora tranquila afirma tu independencia funcional.

Es un reinicio biológico y espiritual.

Estás entero ahora mismo.

Estás completo sin un título.

Eres suficiente sin un acompañante.

Esta realización es la libertad definitiva del apego tóxico.

Dejas de interactuar desde un lugar de necesidad.

Comienzas a interactuar desde un lugar de elección.

Te conectas con otros porque deseas hacerlo, no porque debas.

La energía cambia por completo.

Te vuelves magnetizante, no exigente.

La necesidad de rogar por tiempo o atención simplemente se evapora.

La soledad es la prueba innegable y repetible de que posees todo lo que necesitas dentro de ti.

Eres la fuente.

Estás completo.

Esa es la verdad final e inquebrantable.

CHAPTER SIX

—★-★-★—

LA MENTE AGUDA: LA LIMPIEZA DE NIEBLA DE 48 HORAS QUE OFRECE ENFOQUE Y PROPÓSITO IMPARABLES

El ruido afecta tu mente.

Causa una niebla mental persistente.

Podrías llamarlo distracción.

Podrías llamarlo fatiga mental.

Se siente como intentar pensar a través de una sopa.

Todo está borroso y pesado.

Los detalles que necesitas se pierden en la confusión.

Este capítulo trata sobre transformar ese estado mental.

Estamos pasando más allá de la sanación emocional.

Ahora estamos enfocándonos en el puro poder cognitivo.

La soledad es la limpieza mental definitiva.

La llamamos la limpieza de niebla de 48 horas por una razón.

Ofrece claridad que no has experimentado desde la infancia.

Cuando desconectas el flujo constante de información, tu cerebro descansa.

Esto no es un descanso pasivo como el sueño.

Esto es mantenimiento activo del sistema.

Los recursos que estaban constantemente recibiendo notificaciones de repente se vuelven disponibles.

Se redirigen a las funciones ejecutivas.

Este cambio es rápido y profundo.

Piensa en tu atención como un músculo.

La estimulación constante lo hace inquieto y débil.

Siempre está buscando la próxima dosis de dopamina.

El silencio obliga a ese músculo a alargarse y fortalecerse.

Restaura tu capacidad para un enfoque profundo y singular.

Este enfoque es la base de toda excelencia profesional.

Es el arma secreta de los de alto rendimiento.

No puedes identificar tu propósito más profundo cuando tu mente está fragmentada.

El propósito requiere una pista clara para el pensamiento.

Requiere quietud para una verdadera reflexión.

El mundo te ofrece un millón de objetivos potenciales.

Te da deseos manufacturados.

Te dice lo que deberías desear.

La niebla asegura que nunca cuestiones esas demandas externas.

Pero cuando se disipa la niebla, surge una realidad aguda.

Comienzas a distinguir entre lo que el mundo quiere de ti.

Ves lo que genuinamente deseas para ti mismo.

Esta distinción es todo.

Es la diferencia entre luchar hacia la definición de éxito de otra persona.

Es la diferencia entre actuar según tu propio propósito imparable.

La mente aguda no solo está en calma.

Es precisa.

Es decisiva.

Es la mente que opera con alta señal y cero ruido.

Ahora estamos entrando en el trabajo de acción sostenida y con propósito.

Estamos utilizando el poder del espacio silencioso para despejar completamente la lente de percepción.

Estás listo para ver lo que viene a continuación.

LA CIENCIA DE LA ATENCIÓN: POR QUÉ LA ESTIMULACIÓN CONSTANTE DRENA TU CEREBRO (Y CÓMO 20 MINUTOS DE SILENCIO RESTAURAN EL ENFOQUE PROFUNDO)

Tu capacidad para concentrarte no es un pozo sin fin.

Es un recurso finito.

Piénsalo como la duración de la batería de un teléfono.

Cada estímulo que procesas drena esa batería un poco.

Una notificación del teléfono.

El banner desplazándose con titulares.

El compañero hablando de fondo.

Tu cerebro debe usar constantemente la atención dirigida para filtrar este ruido.

Tiene que esforzarse para ignorar lo que es irrelevante.

Este filtrado constante conduce a lo que se llama fatiga cognitiva.

Esta es la verdadera razón por la que chocas con un muro por la tarde.

Es por eso que te sientes mentalmente empapado y no puedes conectar dos pensamientos.

Has sobrecargado los circuitos de atención en tu corteza prefrontal.

Están exhaustos por la lucha.

No puedes forzar esta atención de vuelta.

Debes descansar de ella.

No puedes descansar de ella cambiando de una pantalla a otra.

Eso es solo cambiar el color del estímulo.

Sigue siendo atención dirigida.

La ciencia es clara sobre el antídoto.

El cerebro necesita tiempo en un entorno de baja demanda.

Necesita lo que los científicos llaman atención restaurativa.

La soledad es el entorno restaurativo por excelencia.

Solo veinte minutos de verdadero silencio no dirigido hacen una diferencia medible.

Cuando el ruido se detiene, tu cerebro cambia de marcha.

Deja de luchar contra el mundo exterior.

Activa la Red de Modo Predeterminado.

Este es el sistema de archivo interno de tu mente.

Esta red es crucial para la consolidación de la memoria y el procesamiento emocional.

Es el sistema que funciona cuando estás soñando despierto o caminando solo.

No requiere esfuerzo para activarse.

Es el cerebro manteniéndose a sí mismo.

Al darte incluso una breve ventana de silencio en soledad, estás permitiendo que el tanque de energía se rellene.

Estás dando a los mecanismos de atención dirigida un descanso crítico.

El silencio actúa como un tónico neural.

Cuando emergas de esos veinte minutos, la niebla mental se habrá levantado.

Tu capacidad para concentrarte es inmediatamente más aguda.

Puedes sumergirte en tareas complejas con renovado vigor.

No solo estás menos cansado.

Estás preparado neurológicamente para un trabajo profundo y significativo.

La soledad consistente no es una escapatoria de la productividad.

Es la forma más alta de preparación cognitiva.

Restaura el enfoque profundo que el ruido moderno intenta robarte desesperadamente.

Esto no es magia.

Esto es simplemente darle a tu maquinaria compleja el mantenimiento tranquilo que requiere.

LA ESTRATEGIA DEL BILLONARIO: USAR LA SOLEDAD ENFOCADA PARA TOMAR DECISIONES DESPREOCUPADAS DE 10 AÑOS

El verdadero éxito no se basa en la velocidad.

Se basa en la duración.

Los realmente ricos y poderosos operan en un largo plazo.

Piensan en décadas.

Tomar decisiones despreocupadas de diez años.

No puedes lograr esta perspectiva mientras revisas Slack cada cinco minutos.

La soledad es el laboratorio para la visión a largo plazo.

Es el único lugar donde se genera la verdadera previsión.

Aquí es donde pasas de la reacción táctica a la creación estratégica.

La soledad te da una prueba de alineación interna.

Cuando estás en silencio, pregúntate las grandes preguntas.

¿Importará esto dentro de cinco años?

¿Importará esto dentro de diez años?

El mundo externo exige acción inmediata.

Tu sabiduría interior exige acción alineada.

Usa el silencio para mirar hacia adelante.

Visualiza la versión de ti que ya ha tenido éxito en este objetivo.

¿Qué consejos te susurra ese yo futuro?

La soledad enfocada también es una poderosa herramienta para la complejidad.

Te permite mapear sistemas enteros en tu mente.

Cuando enfrentes un problema complejo, no busques primero opiniones externas.

Ve a tu espacio tranquilo.

Presenta el problema visualmente en tu imaginación.

Ve todas las partes en movimiento.

Observa dónde existen los verdaderos puntos de apalancamiento.

La mente tranquila ve patrones que la mente ocupada pierde por completo.

Es como alejarse de una cuerda enredada.

Finalmente ves el principio y el final del nudo.

La decisión sin prisa es siempre la más poderosa.

Este tipo de paciencia es una señal de un inmenso recurso interior.

No te preocupa perderte de algo.

No tienes miedo de lo que otros están haciendo.

Simplemente estás alineando tu próximo movimiento con tu trayectoria de una década.

Utiliza tu soledad para escribir la misión de tu vida.

Luego, compara cada oportunidad que llega con esa declaración de misión.

Si no se ajusta a la visión a largo plazo, deséchala inmediatamente.

Esta técnica previene los errores de mil millones de dólares.

Asegura que estás construyendo un legado.

No solo persigues rendimientos trimestrales.

Este espacio tranquilo es tu ventaja estratégica.

Es donde reside el verdadero poder.

CÓMO DESPOJARSE DE LAS MENTIRAS SOCIALES Y ENCONTRAR TU PROPÓSITO AUTÉNTICO EN SOLO TRES SESIONES SILENCIOSAS.

TE ENTREGARON UN GUION DE VIDA.

No escribiste tú mismo este guion.

La sociedad lo escribió por ti.

La cultura escribió los puntos principales de la trama.

Las redes sociales editaron el final.

Este guion te dice dónde vivir.

Te dice cuánto dinero necesitas.

Dicta qué tipo de coche significa éxito.

Te dice que el estatus equivale a valor.

Estas son las mentiras sociales que internalizamos desde el nacimiento.

Pensamos que estamos persiguiendo nuestro sueño.

En realidad, estamos persiguiendo la expectativa de otra persona.

Estamos buscando la sensación de ser impresionantes.

No estamos buscando un cumplimiento genuino.

Esta distinción es imposible de ver cuando el mundo te grita.

La soledad es la única manera de poner a la luz estos estándares sociales.

El silencio actúa como un agente químico.

Despoja el barniz de la influencia externa.

Piense en su primera sesión tranquila.

La primera es caótica.

Está llena de las voces de otras personas.

Escuchas la lista de cosas que deberías estar haciendo.

Escuchas los objetivos financieros que estableció tu vecino.

Este es el proceso de desintoxicación.

En la segunda sesión tranquila, el ruido comienza a asentarse.

Comienzas a notar patrones.

Ves qué pensamientos son deseos genuinos.

Ves qué pensamientos son respuestas condicionadas.

Te preguntas: ¿Realmente quiero este resultado?

¿O estoy tratando de probar algo a alguien?

La diferencia es sorprendente.

Es un momento de profundo reconocimiento.

Para la tercera sesión silenciosa y con propósito, has despejado el espacio.

Las voces que exigen validación externa se han suavizado.

Lo que emerge ahora es muy simple.

Es tranquilo y es persistente.

Este es tu propósito auténtico hablando.

No es necesariamente glamoroso.

A menudo es increíblemente específico para ti.

Puede ser una pasión por sistemas intrincados.

Puede ser una necesidad de conexión profunda a través de la enseñanza.

Puede ser una dedicación a la profunda artesanía.

Es la cosa que harías incluso si nadie aplaudiera jamás.

Esa es la definición de verdadero propósito.

El propósito que está libre de influencia externa no requiere súplicas.

No requiere aprobación.

Es un mandato interno profundo.

Es inherentemente sustentador.

Dejas de buscar.

Comienzas a actuar desde un lugar de conocimiento.

Tres sesiones silenciosas pueden revelar la verdad de quién se supone que debes ser.

No quién te dijeron que fueras.

Esta claridad cambia todo sobre tu trayectoria.

CHOQUE: POR QUÉ TODOS LOS GRANDES AVANCES OCURREN EN AISLAMIENTO, NO EN SESIONES DE LLUVIA DE IDEAS.

Nos enseñan a colaborar.

Nos dicen que dos cabezas son mejores que una.

Nos reunimos en salas de conferencias iluminadas brillantemente.

Asumimos que la fricción creativa alimenta el fuego del genio.

Pero este es un mito.

Es una peligrosa mentira organizacional.

Las lluvias de ideas a menudo producen consenso.

Rara vez producen verdadera originalidad.

Cuando estás en un grupo, te censuras inmediatamente.

Te esfuerzas por la aceptación.

Te preocupa lucir tonto.

Tus pensamientos más salvajes y revolucionarios permanecen encerrados dentro.

Se filtran a través del prisma del rendimiento social.

Las ideas que llegan a la pizarra son seguras.

Están diluidas.

El verdadero genio susurra en el silencio.

Exige un espacio profundo y sin interrupciones.

Piense en los avances que cambiaron la historia.

Prácticamente nacieron en aislamiento.

Einstein no estaba consultando a un comité cuando formuló la relatividad.

Estaba luchando con el pensamiento puro.

Arquímedes estaba solo en su baño.

La mayor literatura se escribe en habitaciones silenciosas.

Las teorías científicas más profundas se confirman durante la reflexión solitaria.

Esto no es una coincidencia.

Es un requisito necesario.

Cuando entras en una soledad con propósito, tu mente se relaja en un estado de funcionamiento diferente.

La presión externa para reaccionar se ha ido.

Dejas de juzgar tus propios pensamientos de inmediato.

La mente se mueve más allá del esfuerzo consciente y frenético.

Caes en un lugar donde ideas dispares de repente se conectan.

Esta conexión es la esencia de la creatividad.

Es el reconocimiento repentino de un patrón oculto.

En aislamiento, te das permiso para pensar lo impensable.

Permites que el concepto radical salga sin miedo al ridículo.

Conectas las piezas obscuras de conocimiento que la ansiedad de rendimiento suele suprimir.

Tu subconsciente hace el trabajo pesado.

Integra tu aprendizaje.

Sintetiza tu experiencia.

Entrega el avance completamente formado.

Si estás luchando por encontrar la idea brillante que cambia todo, deja de preguntar a otras personas.

Deja de consultar al grupo.

Deja de perseguir el ruido.

Ve solo al silencio.

Cierra la puerta con llave.

Confía en que tu mente, cuando se le da un enfoque puro, es el motor creativo más poderoso de la tierra.

Tu idea más valiosa está esperando pacientemente el momento en que finalmente cierres el mundo afuera.

Ese es el momento de la invención.

Esa es la definición del verdadero poder.

CHAPTER SEVEN

DETENIENDO LA BÚSQUEDA: LOGRANDO LA SERENIDAD INTERIOR INQUEBRANTABLE QUE HACE OPCIONAL EL ÉXITO EXTERNO

Finalmente estamos aquí.

Este es el punto culminante de nuestro viaje.

Estamos deteniendo la búsqueda.

La caza incansable, agotadora y de toda una vida por la completitud finalmente termina ahora.

Durante décadas, fuiste programado para creer.

Creías que la respuesta estaba fuera de ti.

Era un cierto estatus.

Era la pareja adecuada.

Era la casa perfecta.

Era el escurridizo ingreso de siete cifras.

Corrías rápido para alcanzar estas cosas.

Creías que obtenerlas llenaría el vacío.

Creías que silenciarían la voz interior que pedía más.

Pero ahora sabemos la verdad.

Esa búsqueda fue la fuente de tu necesidad.

El ruido te mantenía corriendo en la rueda del hámster.

La ausencia de soledad garantizaba tu dependencia de factores externos.

Este capítulo describe el destino.

El Método Quieto ha despojado las falsas necesidades.
Has confrontado las verdades difíciles en el silencio.
Has sanado los viejos dolores.
Has descubierto que tu yo esencial ya está completo.
Esta integridad crea una serenidad interior inquebrantable.
Es un estado independiente de tus circunstancias actuales.
Puede que pierdas tu trabajo.
El ciclo de noticias puede volverse aterrador.
Una relación puede terminar.
Estos eventos causarán sentimientos apropiados.
Causan tristeza o estrés.
Pero no harán añicos tu base fundamental.
Tu pozo más profundo de seguridad permanece intacto.
Este es el significado de que el éxito externo se vuelva opcional.
No significa que dejes de lograr cosas.
Significa que dejas de necesitar logros para validar tu existencia.
El éxito es ahora una preferencia.
Ya no es una necesidad para la autoestima.
Trabajas duro porque tienes un propósito.
No trabajas duro porque estás desesperado.
Estás construyendo desde un lugar de abundancia.
La persona que se esfuerza por falta es frágil.
Su éxito se basa en arena.
La persona que actúa desde la completitud es inquebrantable.
Su éxito es simplemente un desbordamiento de su estado interno.
Piense en la sensación de profunda quietud.
No es una ausencia de emoción.
Es la presencia de una paz profunda e inherente.
Esta paz es permanente.
Es resistente a las recesiones.

Nadie puede quitártela.
La cultivaste solo.
La posees completamente.
Has dejado de dar poder al mundo externo.
El ciclo constante de retroalimentación está roto.
Ya no consultas tu teléfono en busca de validación.
Ya no actúas para la audiencia.
Simplemente estás siendo.
Y en ese simple estado de ser, estás completamente completo.
Este es el fin de la súplica.
La búsqueda ha terminado.
Bienvenido a casa.

LA DIFERENCIA ENTRE LA FELICIDAD CIRCUNSTANCIAL TEMPORAL Y LA PAZ INTERIOR DURADERA Y RESISTENTE A LA RECESIÓN

Recuerda esa sensación de alegría repentina.
Es un torrente de sangre a alta velocidad.
Cierras un gran trato.
Una hermosa amiga finalmente acepta una cita.
Ves un número alto en tu cuenta bancaria.
Esta sensación es intensa y emocionante.
Se siente como una explosión de luz solar pura.
Lo llamamos felicidad.
Es felicidad circunstancial.
Es temporal.

Este tipo de alegría depende completamente de que el mundo exterior coopere con tus deseos.

Es una medida externa.

En el segundo en que la condición cambia, la sensación se evapora.

El trato se desmorona.

La relación se deteriora.

El mercado se desploma.

Tu estado de ánimo se hunde de inmediato.

Caes de esa cima porque la felicidad fue prestada.

No era tuya.

Pertenecía a las circunstancias.

La diferencia entre este estado y la verdadera paz interior es fundamental.

La paz interior no es volátil.

Es duradera.

Es a prueba de recesión.

Se cultiva solo en silencio.

No se siente como un pico alto.

Se siente como una base profunda y estable.

Imagina la parte más profunda del mar.

La superficie podría estar experimentando un huracán.

Las olas chocan violentamente sobre tu cabeza.

Pero a veinte mil leguas de profundidad, el agua está completamente quieta.

Ninguna turbulencia llega a esa profundidad.

Esa quietud es lo que estamos construyendo dentro de ti.

Esto es lo que se siente la paz a prueba de recesión.

Se siente como un suave y profundo zumbido en tu pecho.

Es una sensación de estar completamente enraizado.

Tu cuerpo se siente pesado y seguro en la silla.

Tu mente no corre para arreglar las cosas.

Observas el caos a tu alrededor sin convertirte en el caos.

Esta paz no depende de nada ni de nadie.

Si pierdes tu trabajo, sientes decepción, pero tu base no se desmorona.

Si una relación termina, sientes tristeza, pero tu sentido de autoestima permanece intacto.

Esta paz se genera únicamente por el reconocimiento de que eres suficiente.

Significa que la búsqueda ha terminado.

Has terminado de suplicar validación externa para estabilizar tu condición interna.

Estás estable en este momento.

Estás centrado.

Sabes que incluso si la tormenta dura mucho tiempo, la quietud dentro de ti nunca se desvanecerá.

Aprendes a vivir desde ese lugar profundo e inquebrantable.

Esa es la libertad que brinda la soledad.

LA PRUEBA DEFINITIVA DE LA COMPLETUD: EXPERIMENTAR UNA ALEGRÍA PROFUNDA Y PRIVADA QUE NO REQUIERE VALIDACIÓN SOCIAL

Has trabajado duro para llegar a este punto.

El método silencioso ha hecho su trabajo.

Ahora descubres un nuevo tipo de alegría.

Es la prueba definitiva de tu completud.

Esta alegría no es el placer temporal de un cumplido.

No es la emoción de los aplausos.

No es la satisfacción pasajera de cien "me gusta".

Esta alegría es silenciosa.

Es duradera.

Es completamente privada.

Pensar en la última vez que te sentiste verdaderamente contento.

¿Fue un momento compartido con una multitud?

¿O fue una tranquila mañana de domingo pasada a solas?

Quizás estabas viendo caer la lluvia.

Quizás simplemente estabas saboreando tu café.

La felicidad que requiere validación social es frágil.

Depende del estado de ánimo de la audiencia.

Depende de los algoritmos y del ruido.

Desaparece en el momento en que la atención se desplaza a otro lugar.

La alegría privada es diferente.

Es un estado de profunda riqueza interior.

Es un conocimiento.

Estás contento incluso si nadie más reconoce tu existencia hoy.

Imagina terminar un proyecto realmente difícil.

Cerras tu computadora portátil.

Te recuestas en tu silla.

Nadie más sabe que has terminado.

Sin embargo, la satisfacción es absoluta.

Es completa.

Ese es el sentimiento de la alegría privada.

Te das cuenta de que el momento de plenitud es interno.

Ocurrió cuando el trabajo estuvo terminado.

No ocurrió cuando compartiste la noticia.

Cuando alcanzas este nivel de seguridad interna, tu estado de ánimo se estabiliza.

Ya no miras por encima del hombro.

Dejas de comparar tu progreso con las imágenes proyectadas de los demás.

Te conviertes en una audiencia de uno.

La única validación que importa es el profundo sentido de alineación dentro de tu propio ser.

Has establecido una conexión directa e inquebrantable con tu yo auténtico.

Esta conexión elude por completo la necesidad de aprobación externa.

Es un acto profundo de aut propiedad.

Posees tu propio paisaje emocional.

Este es el signo definitivo de que la súplica ha terminado.

No le pides al mundo que te diga que eres feliz.

Sencillamente lo eres.

Y eso es suficiente.

Es realmente todo.

LA PRUEBA DE LA AUTOCONFIANZA RADICAL: CÓMO HACER QUE LAS OPINIONES EXTERNAS QUEDEN INÚTILES PARA SIEMPRE

Hemos llegado a un destino final.

Es un lugar de certeza absoluta e inquebrantable.

Construiste esta base en el silencio.

Se apoya en cada momento que elegiste escuchar hacia adentro.

Escuchaste tu propia verdad una y otra vez.

Actuaste sobre esa verdad cuando era difícil.

Esta consistencia creó algo inquebrantable.

Lo llamamos autoconfianza radical.

Esta confianza es la armadura contra las constantes demandas del mundo.

Es el único activo que hace que las opiniones externas sean inútiles para siempre.

¿Por qué pierden su poder?

Porque has creado un sistema de validación superior.

Tu sistema se basa en la claridad.

Se basa en la confirmación interna.
Imagina que alguien ataca tu decisión reciente.
Ponen en duda tu integridad o tu camino.
La antigua versión de ti entraría en pánico de inmediato.
Buscarías cinco personas más para validar tu elección.
Te apresurarías a buscar tranquilidad.
El nuevo tú simplemente escucha la información.
Lo comparas con la verdad que confirmaste en soledad.
Tu consejo interno es sólido.
Sabe toda la historia.
Recuerda el verdadero costo del camino que elegiste.
El ruido externo se vuelve pequeño.
Ahora es solo información.
Ya no es una directiva.
La Prueba de Auto-confianza Radical es así de simple.
¿Puedes escuchar a diez personas decirte que estás equivocado?
Y aun así sentirte absolutamente en lo correcto.
¿Puedes estar solo en una decisión importante?
Y sentir total paz acerca de esa elección.
No se trata de arrogancia o ilusión.
Se trata de una profunda auto-alineación.
Dejas de buscar permiso para vivir tu vida.
Dejas de necesitar afirmación para validar tu propósito.
Esa necesidad ha muerto.
Se ha extinguido porque alimentaste tu propia alma en su lugar.
Ahora eres la autoridad final y suprema sobre tu vida.
Te confías a ti mismo por encima de todos los demás.
No hay botón de "me gusta".
No hay reseña de críticos.
No hay consenso de amigos.

Solo importa el conocimiento tranquilo y poderoso dentro de ti.

Has hecho que el mundo exterior sea irrelevante para tu identidad esencial.

Esta es la libertad suprema.

Cambia todo.

LA PROMESA LIBERADORA: SABER QUE ERES SUFICIENTE, AHORA MISMO, EXACTAMENTE COMO ERES (EL FIN DE MENDIGAR)

Este es el cambio definitivo.

Es el fin de la persecución.

Es el conocimiento profundo que pone todo en su lugar.

Has detenido la constante búsqueda fuera de ti mismo.

Has terminado con la mendicidad.

La necesidad de aplausos externos ha desaparecido.

El miedo a ser visto como insuficiente se ha disuelto en la quietud.

Esta liberación proviene del profundo trabajo realizado en soledad.

Entraste en ti mismo y encontraste la fuente.

La copa ahora está llena, permanentemente.

Está llena de tu propio valor auto-generado.

Esto significa que ya no operas desde un déficit.

Estás interactuando con el mundo desde la abundancia.

Esta es la verdad inquebrantable que el ruido nunca podría revelar.

No necesitas un título para ser valioso.

No necesitas una relación para ser amado.

No necesitas logros para ser visto.

Eres suficiente ahora mismo.

Exactamente como estás, respirando, leyendo esta página.

El verdadero viaje nunca fue sobre lograr más.

Se trataba de aceptar lo que ya estaba completo dentro de ti.

Ese sentido de totalidad es tu nuevo activo espiritual.

Es a prueba de recesiones.

Es eterno.

Esta realización cambia tu postura, tu voz y tu vida.

Hay una dignidad en saber que no necesitas nada más para estar completo.

Descansa en esa poderosa y tranquila realización.

Tu vida finalmente ha dejado de pedir permiso.

Estás en casa.

Has terminado con la mendicidad.

Posees todo lo que necesitas para una paz duradera.

La libertad es absoluta.

CHAPTER EIGHT

—★-★-★—

INTEGRACIÓN: CÓMO MANTENER TU SANTUARIO INTERIOR INTACTO MIENTRAS NAVEGAS EL MUNDO ENFURECEDOR

Has completado la desintoxicación.

Construiste la muralla.

Escuchaste el eco.

You mended the heart.

¿Y ahora qué?

No puedes vivir en un monasterio para siempre.

El mundo te llama de vuelta.

Las notificaciones suenan de nuevo.

Tu pareja hace una pregunta exigente.

Tu jefe envía un correo a las 9 PM.

Esta es la verdadera prueba.

La integración no es un retiro.

La integración es la práctica sostenida de llevar tu tranquilidad contigo.

Significa navegar el mundo enfurecedor desde un centro que es inquebrantable.

Tu santuario interior debe ser portátil.

Aprendiste a limpiar el ruido exterior.

Aprendiste a silenciar el ruido interior.

Ahora debes aprender a funcionar perfectamente mientras mantienes esa claridad.

Piensa en tu trabajo de soledad como construir un pozo profundo.

Cuando sales al mundo, estás gastando agua de ese pozo.

Si nunca regresas para rellenarlo, rápidamente se agota.

La antigua necesidad corre de vuelta para llenar el vacío.

La integración es el compromiso diario de volver a llenar el pozo.

Significa proteger tu energía como si fuera un recurso no renovable.

Porque lo es.

El mayor error que la gente comete después de un periodo de intensa soledad es el choque de reentrada.

Dejan caer los límites demasiado rápido.

Responden cada correo de inmediato.

Absorben cada demanda emocional.

Olvidan su nueva directiva principal.

La quietud viene primero.

Tu estado centrado es tu activo más valioso.

Si comprometes tu paz por conveniencia momentánea, pierdes la batalla.

Comienzas a mendigar de nuevo.

Comienzas a buscar validación externa solo para sentirte estable.

Detenemos eso ahora.

Tu vida integrada requiere dos cosas.

Una programación rígida de soledad innegociable.

Y vigilancia minuto a minuto contra las fugas emocionales.

Debes construir rutinas que te anclen.

Estos son pequeños rituales que te recuerdan dónde está el hogar.

El hogar siempre está dentro.

Puede que necesites 15 minutos en el coche antes de entrar a la casa.

Puede que necesites 30 minutos antes del amanecer para sentarte en silencio.

Esto no es un autocuidado opcional.

Esto es mantenimiento para tu totalidad.

Cuando surja un conflicto, notarás algo poderoso.

La antigua reacción ha desaparecido.

Sientes la necesidad de explotar o retirarte, pero no la sigues.

El silencio interior te mantiene firme.

Te da el espacio entre el estímulo y la respuesta.

Ese espacio es donde vive la libertad.

Respondes desde la completud.

Ya no reaccionas desde el déficit.

Este cambio es la prueba definitiva de una integración exitosa.

Te mueves a través del caos con el ojo de la tormenta siempre dentro de ti.

Tu eres la calma en el centro del huracán.

Te ganaste esa paz.

Ahora debes defenderla.

EL 'PUNTO DE CONTROL DE SOLEDAD': CÓMO ESTABLECER LÍMITES INNEGOCIABLES CON LOS SERES QUERIDOS (SIN CULPA)

Has forjado una fortaleza de calma dentro de ti.

Ahora viene la fase crucial de integración.

El mundo intentará quebrantar tus muros.

Tus seres queridos pondrán a prueba tus nuevos límites.

Necesitamos un sistema para mantener esta paz interna.

Lo llamamos el Punto de Control de Soledad.

Un Punto de Control de Soledad es un bloque de tiempo preprogramado e innegociable.

Está dedicado completamente al procesamiento interno y la quietud.

Lo programas como una reunión empresarial crítica.

Se escribe en el calendario con tinta, no con lápiz.

Si no lo programas, la vida te programará a ti.

La clave del éxito es comunicar esta necesidad de manera efectiva.

No pidas permiso.

No te disculpes por necesitar espacio.

Anuncia tu nueva práctica con calma y autoridad.

Tu familia y amigos están acostumbrados a acceder a ti 24/7.

Su reacción inicial podría ser resistencia.

Pueden interpretar tu retiro como un rechazo.

Debemos abordar esta preocupación de manera preventiva y amorosa.

Aproxima la conversación desde un lugar de autocompletud.

Di, "Me comprometo a 45 minutos de tiempo en silencio diariamente."

"Esto no es porque esté enojado o evitándote."

"Es porque necesito rellenar mis propias reservas."

"Cuando mis reservas están llenas, soy un mejor compañero."

"Soy un padre más presente."

"Este tiempo asegura que traiga mi mejor versión a nuestra relación."

Enmarca el límite como un acto de servicio hacia ellos.

Esto cambia totalmente la dinámica.

No estás quitando.

Estás asegurando tu capacidad de dar.

Cuando surja la culpa, reconócela por lo que es.

La culpa es a menudo el eco de antiguos condicionamientos sociales.

Se nos enseña que el autosacrificio equivale a amor.

Esa es una mentira de agotamiento.

El amor comienza con el autoconservación.

Tu soledad te hace robusto.

Una persona robusta no suplica por validación.

Simplemente existe.

Está disponible para conectarse, pero no necesita hacerlo.

Adhiérete a tus Puntos de Control programados con firmeza.

Si alguien te interrumpe, reitera con calma el límite.

Mantén el lenguaje simple y directo.

"Estoy en mi tiempo de silencio ahora mismo."

"Estaré completamente disponible en veinte minutos."

La consistencia demuestra que hablas en serio.

Enseña a los demás cómo tratarte.

Refuerza el mensaje de que tu paz interior es primordial.

Esta base de autoconfianza es lo que hace que tu amor por los demás sea verdaderamente significativo.

Estás protegiendo la santidad de tu mayor activo.

Ese activo es tu centro inquebrantable.

LA DIFERENCIA CRUCIAL: INTERACTUAR DESDE LA ABUNDANCIA VS. INTERACTUAR DESDE EL DÉFICIT (POR QUÉ TU CALMA AYUDA A LOS DEMÁS)

Has trabajado duro para lograr esta completud interna.

Has detenido la constante necesidad.

Ahora enfrentas el desafío de traer esa integridad de vuelta al ruido del mundo.

La forma en que interactúas cambia fundamentalmente.

La diferencia crucial radica en dónde obtienes tu energía.

Cuando interactúas desde el déficit, estás buscando un reaprovisionamiento.

Entresas a una relación esperando que la otra persona valide tus ideas.

Necesitas que ellos afirmen tu valor.

Esperas que su atención mitigue tu inseguridad.

Esto pone una inmensa presión emocional sobre ellos.

Convierte cada interacción en una transacción oculta.

Estás suplicando por algo.

Las personas pueden sentir esta necesidad al instante.

Los desgasta.

Interactuar desde la abundancia es la libertad definitiva.

Significa que entras a una reunión ya lleno.

Entresas a una conversación ya confiado en tu propio valor.

No necesitas nada de la otra persona.

Estás allí para conectarte y contribuir genuinamente.

Tu propósito es compartir tu claridad.

Por eso tu calma ayuda tan profundamente a los demás.

Una persona calmada no es emocionalmente demandante.

No requiere gestión ni mantenimiento.

Cuando alguien más está emocionalmente cargado o estresado, tu quietud actúa como un ancla.

No eres reactivo porque tus reservas internas son intocables.

Ofreces paz solo por estar presente.

Piénsalo como dinero.

Si interactúas desde el déficit, estás pidiendo un préstamo.

Creas deuda y obligación.

Si interactúas desde la abundancia, ofreces un regalo gratuito.

Das sin esperar reembolso.

Tus relaciones se vuelven más ligeras.

Tu presencia se vuelve confiable.

Cuando dejas de buscar en los demás para completarte, ellos son finalmente libres para simplemente ser ellos mismos.

Este es el verdadero regalo de la soledad impulsada por el propósito.

Te transforma en un dador de calma, no en un buscador de comodidad.

Te conviertes en una fuerza estabilizadora en cada habitación en la que entras.

Estás interactuando desde un lugar de auto-suficiencia radical.

Eres completo.

Y esa totalidad bendice a todos a tu alrededor.

EL RITUAL DIARIO DE 90 SEGUNDOS QUE EVALÚA TU CLARIDAD Y PREVIENE LA SOBRECARGA EMOCIONAL

Necesitas una forma de comprobar tu estado interno de inmediato.

No puedes esperar a que una crisis golpee.

No puedes esperar a que la semana termine.

Debes tener un método rápido para auditar tu totalidad antes de que el mundo te abrume.

Lo llamamos el Punto de Control de Claridad de 90 Segundos.

Este es tu protocolo de mantenimiento diario.

Requiere un minuto y treinta segundos de soledad intencionada.

Puedes ejecutarlo en cualquier lugar.

Puedes hacerlo en un pasillo tranquilo en el trabajo.

Puedes hacerlo mientras esperas que el agua hierva.

Aquí está el simple proceso.

Primero, logra la quietud.

Detén todo movimiento.

Cierra los ojos suavemente.

Toma tres respiraciones muy lentas y profundas en tu abdomen.

Inhala la calma centrada que has cultivado.

Exhala cualquier ruido o obligación residual.

Esto toma aproximadamente 30 segundos.

A continuación, realiza tu evaluación de claridad.

Pregúntate una pregunta precisa.

¿Cuál es la tarea más importante que debo llevar a cabo a continuación?

Espera a que la respuesta surja de tu profundo silencio interno.

No la fuerces.

Si oyes un coro de prioridades en competencia, tu mente aún está sobrecargada.

Si obtienes tres respuestas diferentes, debes repetir el ejercicio de respiración.

Espera hasta que solo quede una prioridad clara.

Esto asegura que tus acciones estén alineadas con tu verdadero propósito, no solo con la reacción.

Finalmente, realiza tu evaluación emocional.

Pregúntate una segunda pregunta crucial.

¿De dónde viene mi energía en este momento?

¿Viene de un lugar completo y centrado de abundancia?

¿O proviene de una obligación apresurada y agotada?

Evalúa la calidad de tu motor interno.

¿Te sientes estirado?

¿O te sientes resiliente?

Si sientes agotamiento u obligación, debes intervenir de inmediato.

No pases go.

No respondas ese correo electrónico.

Toma cinco minutos adicionales de retiro silencioso en ese momento.

Recémbra completamente.

Este punto de control es una medicina poderosa.

No es meditación.

Es una herramienta de medición simple y efectiva.

Te dice si estás actuando desde tu santuario interno o reaccionando a la presión externa.

Previene el insidioso avance de la sobrecarga emocional antes de que dañe tu claridad.

Úsalo antes de cada interacción importante.

Úsalo antes de cada tarea importante.

Protege tus ganancias silenciosas rigurosamente.

Tus 90 segundos de soledad ahora ahorran horas de reparación emocional más tarde.

TU NUEVA VIDA: VIVIENDO POR COMPLETO, MÁS RICO, MÁS TRANQUILO—PORQUE LA NECESIDAD HA TERMINADO FINALMENTE

ESTE ES EL NUEVO DÍA.

Superaste el silencio.

Sobreviviste al desintoxicación.

El ruido no te reclamó.

Ahora cosechas la recompensa increíble.

Tu vida ha cambiado fundamentalmente para siempre.

La energía frenética y ansiosa se ha ido.

Ese vacío que dolía en tu pecho ha desaparecido.

Las súplicas han terminado finalmente.

La necesidad está muerta.

Ya no miras hacia afuera en busca de confirmación.

No escaneas la habitación en busca de aprobación.

No estás esperando a que una sola persona valide tu valor.

Ya sabes quién eres.

Lo confirmaste en el silencio.

Tu nueva vida está definida por una calma profunda y estructural.

Es una paz interior que es realmente a prueba de recesiones.
Ninguna mala noticia puede sacudir tu base fundamental.
Ninguna ofensa puede deshacer tu totalidad.
Caminas por el mundo centrado.
Te mueves con inmensa paciencia.
Mira cuán más ricas son tus relaciones ahora.
Te conectas con los demás desde un desbordamiento.
Das porque estás lleno, no porque busques reembolso.
Esto hace que tu amor sea limpio.
Hace que tus amistades sean honestas.
Tu tiempo es tu propio activo sagrado.
Estás enfocado en el propósito, no en distracciones.
Usas tu atención como una herramienta quirúrgica.
Tu mente es aguda y clara.
La niebla mental se ha disipado completamente.
Tomas grandes decisiones basadas en tu verdad interna.
Las expectativas externas ya no tienen poder sobre ti.
Esta es la libertad por la que luchaste.
Esta es la vida que has ganado.
Una vida vivida plenamente es una vida vivida internamente.
Eres la fuente de tu propia alegría.
Eres el guardián de tu propia paz.
No hay nada más que buscar.
No hay nada más que probar.
Estás viviendo más rico, más tranquilo y de manera más auténtica que nunca.
La súplica ha terminado.
Estás completo.
Bienvenido a tu verdadero hogar.

TUS PRÓXIMOS PASOS EN EL CAMINO HACIA LA TOTALIDAD INQUEBRANTABLE.

HAS LLEGADO AL FINAL DE ESTE VIAJE.

Eso es una señal poderosa de tu compromiso.

Has mirado cara a cara el ruido.

Elegiste enfrentar el silencio.

Espero que sientas el cambio en lo más profundo de ti.

Ya no estás definido por necesidades externas.

Finalmente, la súplica ha terminado.

Tu totalidad está comprobada.

Este libro es solo el mapa.

Tu práctica diaria es el verdadero camino.

Regresa al Método del Silencio a menudo.

Protege tu santuario interior con fervor.

Programa tus puntos de chequeo de soledad cada semana.

Nunca dejes que el mundo te convenza de que estás incompleto.

Ya tienes todo lo necesario para la alegría.

Vive desde ese lugar de abundancia.

Interactúa con el mundo desde tu centro tranquilo.

Realmente me siento honrado de haber compartido esta sabiduría contigo.

Ve a vivir tu vida, plenamente y sin disculpas.

Ve a ser inquebrantable.

Te deseo paz duradera.

www.ingramcontent.com/pod-product-compliance
Lightning Source LLC
LaVergne TN
LVHW020120081026
849580LV00013B/1970

* 9 7 9 8 3 4 8 5 4 4 4 5 4 *